丛书主编 萧鸣政

人力资源管理专业实用系列教材

人力资源管理研究方法与案例分析

萧鸣政 主编

图书在版编目(CIP)数据

人力资源管理研究方法与案例分析/萧鸣政主编.—北京:北京大学出版社,2017.5
(人力资源管理专业实用系列教材)
ISBN 978-7-301-28292-2

Ⅰ.①人… Ⅱ.①萧… Ⅲ.①人力资源管理—教材 Ⅳ.①F243

中国版本图书馆 CIP 数据核字(2017)第 078558 号

书　　　名	人力资源管理研究方法与案例分析 RENLI ZIYUAN GUANLI YANJIU FANGFA YU ANLI FENXI
著作责任者	萧鸣政　主编
责任编辑	陈相宜
标准书号	ISBN 978-7-301-28292-2
出版发行	北京大学出版社
地　　　址	北京市海淀区成府路 205 号　100871
网　　　址	http://www.pup.cn　新浪微博:@北京大学出版社
电子信箱	ss@pup.pku.edu.cn
电　　　话	邮购部 62752015　发行部 62750672　编辑部 62765016/62753121
印　刷　者	河北滦县鑫华书刊印刷厂
经　销　者	新华书店
	787 毫米×1092 毫米　16 开本　15 印张　200 千字 2017 年 5 月第 1 版　2023 年 1 月第 5 次印刷
定　　　价	36.00 元

未经许可,不得以任何方式复制或抄袭本书之部分或全部内容。
版权所有,侵权必究
举报电话: 010-62752024　电子信箱: fd@pup.pku.edu.cn
图书如有印装质量问题,请与出版部联系,电话: 010-62756370

前　言

　　人力资源管理属于管理学、心理学、教育学、政治学与法学等多学科交叉的学科。人力资源管理研究方法是管理学研究方法在人力资源领域中应用的一门课程。如何解决人力资源管理研究方法课程的高要求与人力资源管理实践经验性强的矛盾问题，一直是我们在课程设置中的一个难点。

　　《人力资源管理研究方法与案例分析》的优点，主要在于它的系统性、易懂性与方法性。本课程教材的系统性设计主要体现在两个方面：一方面比较系统地介绍了人力资源管理领域中常用的研究方法；另一方面，顺次介绍了人力资源管理研究方法在人力资源战略、工作分析、人员招聘与配置、人员培训与开发、绩效考评与管理、薪酬管理、员工福利与社会保障、员工激励与关系协调、劳动合同管理等人力资源管理实践中的应用。

　　教材的易懂性设计，主要体现在研究方法的介绍不是就方法介绍方法，就理论分析理论，而是通过案例问题与背景呈现、方法应用特点和问题的分析与评价等方式，介绍各种研究方法及其在人力资源管理理论与实践中的应用。

　　教材的方法性设计，一方面体现在开头的一章对于人力资源管理领域中常见研究方法的介绍；另一方面也体现在每章研究方法及其在人力资源管理研究理论与实践中的应用，体现在每章内容与形式的设计上。

人力资源管理研究方法与案例分析

　　本书适于人力资源管理本科学生自学与教师参考。内容包括人力资源管理常用研究方法及其在工作分析、人员招聘与配置、人员培训与开发、绩效考评与管理、薪酬管理、员工福利与社会保障、员工激励与关系协调等人力资源管理领域中的应用。这种方法与应用基本涵盖了人力资源管理的各个方面。

　　每章各节的写作,又包括学习目标、案例内容介绍与案例学习思考点。每章案例类型不一样,尽量在两个以上。每个案例的介绍,包括研究对象与背景介绍、研究目的、研究过程、研究方法选择、研究结果及其分析等。由此让学生通过案例的阅读与分析,来了解与掌握各种研究方法及其在人力资源管理领域中的应用过程与技巧。这样,学生不但容易理解与掌握各种研究方法,而且能够把握各种研究方法实际应用的步骤、技术与经验。

　　本书由北京大学人力资源开发与管理研究中心主任萧鸣政教授主编,负责内容策划、大纲设计、编写指导、文字统稿与修改等。本书的初稿,主要是由郭晟豪等人完成的。傅誉、萧箫、姚璐薇、李慧静对本书进行了通读与校正。在编写过程中,参考了国内外大量的著作、文章以及网络资料,在此向有关作者表示诚挚的谢意!

　　最后,请允许我再次向所有对于本书编写与出版提供过帮助的同志表示衷心的感谢! 由于水平有限、时间紧张,加上我们这种形式是对于"人力资源管理研究方法"课程的初次探索,经验不足,书中存在的不足与问题,恳请广大读者批评指正,并且提出宝贵意见,以便我们在今后的修订中改进与修改。

萧鸣政
2017 年 2 月 9 日

目录

CONTENTS

绪　论　管理学研究方法概述 　1
　一、文献研究法 　1
　二、访问调查法 　3
　三、问卷研究法 　6
　四、案例分析法 　8
　五、实验研究法 　11
　六、比较研究法 　15

第一章　人力资源开发及其战略研究案例 　19
　【案例呈现（一）】　国有企业人力资源管理战略研究 　19
　【案例点评（一）】 　30
　【案例思考（一）】 　32
　【案例呈现（二）】　企业人力资源开发中性别歧视的表现形式 　33
　【案例点评（二）】 　54
　【案例思考（二）】 　58

第二章　工作分析研究案例 　59
　【案例呈现（一）】　工作分析的工具及其选择策略 　59

【案例点评（一）】 68
【案例思考（一）】 70
【案例呈现（二）】 职务分析问卷（PAQ）的知识化改造 71
【案例点评（二）】 76
【案例思考（二）】 77

第三章 人员招聘与配置研究案例 79

【案例呈现（一）】 家族企业人力资源经理的招聘管理 79
【案例点评（一）】 87
【案例思考（一）】 90
【案例呈现（二）】 企业综合办公室"人岗交叉"问题探析 91
【案例点评（二）】 99
【案例思考（二）】 100

第四章 人员的培训与开发方法研究案例 102

【案例呈现（一）】 公务员培训参与动机分析 102
【案例点评（一）】 122
【案例思考（一）】 124
【案例呈现（二）】 影响饭店培训效果因素的实证分析 125
【案例点评（二）】 134
【案例思考（二）】 136

第五章 绩效考评与管理研究案例 137

【案例呈现】 周边绩效考评体系的建立和应用 137
【案例点评】 146
【案例思考】 148

第六章 薪酬管理研究案例 149

【案例呈现】 制造业员工的薪酬满意度实证研究 149
【案例点评】 156
【案例思考】 157

第七章　员工福利与社会保障研究案例　　158

【案例呈现】　工资福利、权益保障与外部环境　　158

【案例点评】　　178

【案例思考】　　180

第八章　员工激励与关系协调研究案例　　181

【案例呈现（一）】　异质人才的异常激励　　181

【案例点评（一）】　　191

【案例思考（一）】　　193

【案例呈现（二）】　团队多样性与组织支持对团队创造力的影响　　194

【案例点评（二）】　　213

【案例思考（二）】　　214

第九章　劳动合同管理研究案例　　216

【案例呈现】　企业对劳动合同期限的选择及法律管制的效率　　216

【案例点评】　　227

【案例思考】　　229

绪 论

管理学研究方法概述

> 📖 **本章学习目标提示**

- 了解管理学研究方法的基本概念
- 掌握管理学研究方法的基本操作流程
- 重点理解不同研究方法的优缺点及适用范围

人力资源管理研究方法,是管理学研究方法结合人力资源领域中探索研究的需要而产生的一系列解决问题的方法。因此,人力资源管理研究方法,主要是管理学研究中常用的一些方法。这些方法,从数据资料获取的途径上看,大致包括文献研究法、访问调查法、问卷研究法、案例分析法、实验研究法与比较研究法等。

一、文献研究法

文献研究法,简称文献法,是指调查者依据一定的目的和课题,通过搜集和阅读文献以获取资料的方法。它不直接接触被调查者,不需要大量研究人员和设备,因此具有客观、可靠和节约的特点。运用文献研究法的基本条件是搜集到有用的文献,以及对调查具有实用的知识信息。搜集的知识信息在内容上具有全面性,在时间上具有延续性,在空间上具有一致性,在形式上具有多样性。通过文献研究法获得有关调查对象的尽可能丰富的信息资料,就能够了解调查课题的研究状况和进展的有效途径。

运用文献研究法的步骤:(1)明确调查课题的中心内容,确定查阅文献的范围,一定要明确查找范围的宽窄、深浅,才能集中力量找准查全;(2)选择适当的检索工具,由近及远地查阅文献目录,一般以综合性的检索工具为主,然后再用专业性的检索工具加以补充;(3)根据查阅文献的范围和文献的可能来源,确定检索途径和方法,如按内容、按分类、按作者或其他线索进行检索,都要分析考虑后才能确定;(4)到图书馆或资源库,通过图书目录、期刊目录和各种联合目录,找到需要查阅的原始文献、二次文献或三次文献;(5)对文献内容有一个基本的了解之后,要对文献进行筛选,把有价值的文献,包括各个时期有代表性的文章、专著、数据、资料和音像制品等搜集起来,保存下来,并把需要的材料摘录下来;(6)对材料进行分类整理、分析研究;(7)写出分析研究的结果,或在此基础上撰写论著。

运用文献研究法的具体操作方法多种多样。从检索角度看,一般有三种方法:(1)常用法。运用文摘、题录、简介等检索工具查找文献。主要通过书名、分类、主题等内容途径查找,也可通过著者、号码或其他途径查找。(2)追溯法。运用书籍和论文作者在文后所附参考文献资料目录追踪检索需要的文献。(3)循环法。先按常用法查出一定时期内的文献,再用追溯法查出需要的文献,循环向前推移,可逐步查准查全。从研究角度看,一般可采用三种方法:(1)推理法。从阅读报纸、书刊或其他途径得到的信息出发,加上已有的知识,运用科学的思维方法导出结论,然后在实践中加以检验。要善于从一些似乎互不相关的信息中,努力寻找它们的内在联系,大胆假设,丰富想象,严密演绎,以发挥创造性思维的能力。(2)转换法。运用文献抽样的方法,把用文字表示的文献转换为用数字表示的资料,用于描述变化中的事件或过程。具体地说,就是预先编制好信息对象研究的所有文献单位的清单,抽取所需样本,确定分析单位,界定内容的类别,最后对内容进行定量处理与计算。(3)分析法。分为文献定性分析和文献定量分析。文献定量分析也叫内容分析,就是对文献内容做系统的、数量化的客观统计分析,从而验证研究者的假设或证明某种论断。该方法最基本的特点,是在文献中找出既反映文献内容的实质,又易于计量的特征、特点及属性。如统计文献中使用一定术语的频率,从而使质的内容变成可以测量的,进而进行精确的数量运算。文献定性分析则是通过对文献内容的分析,来揭示文献所反映之事物的性质、本质特征和发展规律的方法。对搜集的文献资料进行分析,包括初级分析和次级分析。初级分析要努力获取有关的文献资料,通过分析得出结论。次级分析则要识别和处理所选择的资料中的偏见和错误,选择适当的指标和索引体系,做好分析和追加分析,得出比初级分析结果更为精确和适用的结论。

文献研究的主要优点是可进行纵贯分析和大规模抽样,而研究费用比实地调查低廉,并且研究对象无反应性。其缺点是由于许多文献不是为研究目的而编制的,可能不包含研究者所需要的一些信息,或文献中存有编制者的偏见等。

运用文献研究法应特别注意鉴别、评价所用资料的真实性,要有"去伪存真"的科学态度和批判精神。只有这样,才能保证文献研究的正确方向。

二、访问调查法

访问调查法,也称访谈调查法,简称访问法,是研究者通过与被访者面对面谈话的途径获取研究资料的方法。访问法依其对变项的控制程度,可分为结构型访问法、半结构型访问法和非结构型访问法。结构型访问法又称标准化访问法。运用这种方法首先要把问题标准化,制成问卷,然后由被访者回答。所有被访者都回答同一结构的问题。使用结构型访问法,通常是为了验证一种假设或理论,而不考虑与此无关的因素。半结构型访问法指根据研究内容制定一个比较松散的框架,这一框架由一些开放式问题组成。通常,研究者事先拟订一个粗线条的访问提纲,根据自己的研究设计对受访者提出问题,但在访问中如何发问,则由研究者或者访问者根据当时的情境灵活决定。非结构型访问法事先不制定表格、问卷或定向的标准程序,而是由研究者和被访者就某些问题自由交谈。往往不局限于事先确定的问题和问题的先后排列顺序,可以涉及较宽的领域,有利于充分发挥访问者和被访问者的主动性和创造性,因而能调查到原调查方案中没预料到的信息。这种方法不易控制变项,不适宜验证理论,但可用于探索性研究。非结构型访问由于具体方式不同,又可分为重点集中法、客观陈述法、深度访问法、团体访问法等。在实际调查工作中,这三种访问方式常常可以相互配合使用。一般是先进行非结构型访问,然后辅以半结构型访问或结构型访问。

按被访问者的人数,访问法可分为个别访问法和集体访问法。(1)个别访问法。个别访问法是对项目参与者、项目的利益群体及一些重要信息提供者进行个别访谈,有助于了解项目可能涉及的生态环境、自然资源、社会、文化、经济、政治等方面的问题,更重要的是能了解项目目标群体的观点、态度、看法和感觉等"软"的信息。(2)集体访问法。集体访问法就是召集被调查者开会讨论和交流,以收集社会信息。这是一种更省时、更高效的访问法。它不仅能做到调查者和被调查者之间的交流,也能做到被调查者之间的交流。但一些涉及保密性、隐私性的问题不宜在集体访问中调查,因为人们往往不愿在这种公开场合谈及这类问题。实施集体访问时的要求是:(1)由于与会者不可能是所有居民,通常可按专家的意见或以随机抽样的方式选择参会者,同时邀请一些人(如地方权威人士、名人、年长者、主要信息提供者等)参加会议;(2)会议主持人(调查者)简要地说明会议主题,提出讨论的具体要求,并严格规定议题的范围;(3)调查者保持中立,不发表自己的意见,不表明自己的倾向,以免误导;(4)要创造一种自由、民主讨论的气氛,以便与会者自由发表意见,但最好不要允许与会者反驳别人的意见,否则容易偏离会议主题,浪费时间;(5)调查者在会议期间要及时记录每个与会者的意见,也应尽可能把自己的观点、反应和感觉系统地记录下来,还应注意要尽量给每个与会者在每一个主题上提供说话的机会;(6)有时,并不是每个与会者都能或愿意在会上完整、清晰地表达自己的观点和意见,因此在会议结束之后应给他们留下一定的时间。事实上,通过会后与这些人交谈,常可获得一些很有用的信息。

访问的实施过程大致分为访问前的准备、访问开始、访问高潮、访问结束、记录整理等五个阶段。访问前的准备,是要准备好调查问卷或提纲,严格抽样,了解调查对象及群体的情况,准备调查中必要的工具等;访问开始是按抽出的样本顺利接近调查对象,向调查对象说明调查的目的、关系等,以求得调查对象的配合;访问高潮是指在实质调查内容上,力求详细、具体,并设法引导调查对象谈出更深刻和更有意义的看法;访问结束是指要恰到好处地结束访问,向被访问者表示感谢,有条件者可赠送小件纪念品;记录整理是最后一个阶段,对访问时记录不清或有遗漏者及时进行补充、核实,最后整理完成调查资料。

访问法的优点为:(1)可用来调查文盲及受教育程度较低的调查对象;(2)可提高被调查者提供资料的兴趣;(3)调查资料的代表性较高;(4)比较灵活,有较大的伸缩性,可避免被调查者的误会或误解问题,同时也可搜集到问卷调查以外的资料,以利于研究者的深入研究;(5)可限定特定的人回答问题。缺点为:(1)调查所用人力、经费及时间较多,不适宜做大规模调查;(2)受调查人员个人的特性或偏见所影响,难以在一致的情境下收集资料;(3)无法使被调查者有完全匿名的感觉,因此他对回答可能有所保留,或做出不符合事实的回答;(4)用以调查私人生活性质的问题常无法得到回答;(5)被调查者考虑的时间较短,并且也无法参考别人的意见或查看资料,所以难以用来调查复杂的且需要思考或记忆的经验或事实;(6)访问资料难以量化,不宜推论全体。

在使用访问法的过程中应注意以下几点:(1)尊重被访问者,态度应真诚、热情,用语应适当;(2)环境应舒适,气氛应轻松愉快,使被访问者感到轻松愉悦;(3)访问者应多用启发性、引导性问题,对核心、重要的问题,应尽量避免发表个人的观点与看法;(4)在访问结束后,要对资料进行检查和核对,以得出最恰当的结论;(5)事前制定好一个问题清单,只选择与所调查资料直接相关的问题,按一定的逻辑顺序排列,把容易但必要的问题排在前面,修改不清楚的问题。

三、问卷研究法

问卷研究法,简称问卷法,是通过问卷收集各种社会资料并对问卷进行研究分析的方法。问卷是收集材料的工具,由根据研究的目的而设计的一系列问题所构成。问卷要由被调查者自填答案,所以只能用于受教育程度较高的调查对象(对于受教育程度较低的对象,可以在其填答时进行解释指导)。

一份较为完整的问卷大致包括标题、卷首语、填写说明、问题和答案、编码等部分。其中:(1)标题。调查者应开宗明义地定下题目,概括说明调查的主题。(2)卷首语。说明调查机构、研究目的及重要性、保证为填写问卷者保密等内容。语气要谦虚诚恳,在结尾处感谢被调查者的合作与帮助。(3)填写说明。告知被调查者如何正确填写问卷。(4)问卷正文:问题和答案。一般包括两类问题:一是有关事实方面的问题,主要包括个人的实际行为和个人的基本资料,如性别、职业、受教育程度等;二是有关态度方面的问题,包括意见、情感、动机等。(5)结束语。表示感谢,以及关于不要漏填和复核的请求,提出关于调查形式和内容感受的征询等。(6)编码。可以在问卷设计时就对答案进行编码,便于数据的录入与统计。

使用问卷法的步骤是:(1)确定调查的目的、对象、内容和范围;(2)设计问卷;(3)分发问卷,并保证问卷能够收回;(4)对问卷调查结果进行统计分析和归纳整理。

由于问卷是调查的主要手段,故对问题的设计有较高要求。一般说来,要符合以下几项:(1)提问要准确,假设要明细。问题越准确,假设越明细,回答就越精确有效。不必要的问题不要列入。问卷的字句力求通俗易懂,问题不能模棱两可,每个问题中不可同时包含两个主题。(2)问卷要精练。填写时间一般不宜超过半小时。填写时间越长,回收率往往越低。(3)问题设计要适应填写者的文化程度和具体情况。问题不宜提得过于深奥或抽象,尽量选用填写者了解和熟悉的文字,少用术语,非用不可时要加以说明。要照顾到填写者的心理状态。(4)问卷表前面要有指导语。指导语是问卷的重要组成部分。在指导语中应当把调查目的、方法、处理形式和注意事项告诉填写者。在可能的情况下还要写明,以后将把调查结果报告本人,并请求合作,予以致谢。这样能使填写者产生兴趣和感到信任。(5)尽量把能引起填写者兴趣的问题放在前面,难度高的问题放在后面。同一类的问题应排在一起。表中所提到的概念和用语应保持前后一致。(6)在进行大规模问卷调查前,最好先在小范围内试调查,并对问卷进行效度和信度检定,以减少问卷误差。

问卷上的问题类型有封闭式和开放式两种。封闭型问卷会把所有可能的答案列出,由填写者任选其中一项或几项适宜的答案。主要有以下五种格式:(1)排列式。即把多种可供选择的答案按其重要程度用 1、2、3、4……排列。(2)选择式。即所列答案有多个,填写者可在他认为对的地方打"√"。(3)是非式。答案只有"是"与"否"两种,填写者任选一项打"√"。(4)填充式。即要求填写者以文字或数字填入问卷的空格。(5)尺度式。即把答案作为一根轴上的两个极端,中间格以 2、3、4、5……若干等,填写者任选其中一等打"√"。封闭型问卷回答方便,答案规范化,便于处理分析,适用于手工处理与计算机处理。开放型问卷没有约束,可由填写者任意回答,但容易因宽泛而失去重点,调查结果的处理分析也较困难。在实际使用中,开放型与封闭型问卷通常结合使用,既能获得较多的信息,又便于处理分析。封闭式问题更易于进行统计处理。

问卷的发放和回收可以有两种方式。当调查规模小且样本比较集中时,可当面将问卷发给被调查者,由他们填完后直接收回。这种方式的回收率一般比较高。而如果样本量比较大且很分散时,只能把问卷邮寄出去,被调查者填完后再寄回。这种方式的回收率一般比较低。如果一次邮寄回收率太低,可对相同样本再追发一次问卷,以提高回收率,达到研究所需要的样本数。在对问卷进行整理时,要求废弃不合标准的问卷,对合乎标准的问卷用社会统计技术进行统计分析。问卷法在国内外的社会调查中都有着广泛的应用。

问卷法的主要优点是内容多,样本大,结构化,标准化,便于定量分析,对人员功能特征的描述较为详细,能以较少的人力和时间获得多方面的信息,可以排除人际交往中可能产生的干扰。其主要缺点是要求对象具有相当文化程度,调查面广而不够深入,回复率也较低,填写者可能隐瞒和改变其真正的想法,或做出一般性的回答,使结果容易产生误差。

使用问卷法时应注意:(1)与被调查者建立信赖关系;(2)尽量避免提出被调查者难以回答的问题;(3)某些问题(如比较敏感的问题)尽量以无记名形式进行调查。

四、案例分析法

案例分析法,也称案例研究、个案调查法,简称案例法、个案法,是指对某一特定个体、单位、现象或主题的研究。这类研究广泛搜集有关资料,详细了解、整理和分析研究对象产生与发展的过程、内在与外在因素及其相互关系,以形成对有关问题深入全面的认识和结论。个案研究的单位可以是个人、群体、组织、事件或者某一类问题,某一个案研究项目可以由若干规模较小的研究个案组成,也可以是更大研究项目的一个组成部分。案例分析法一般采用定性的、定量的或者定性与定量相结合的方法,是根据某些普遍原理,对社会生活中的典型事件或社会实践的范例进行研究和剖析,以寻求解决有关领域同类问题的思路、方法和模式,提出新的问题,探索一般的规律,检验某些结论的一种社会科学研究方法。

在设计案例研究时,研究者要确定的第一个也是最重要的问题,便是进行单一案例研究还是多个案例研究。在以下情况中我们可以采用单一案例研究。首先,该案例是测试某一理论的关键性个案。这一理论已经有一套主张(假设),以及说明了这套主张(假设)在什么情况下是正确的,而且,这关键性的单一案例是用来证实、挑战或扩展该理论的,因此,单一案例的研究发现有助于建立理论。其次,该案例代表了一种极端的或独特的情况,因其罕见而值得记录并分析。再次,该案例在过去是没有条件进行研究的。当研究要涉及不止一个案例时,就应采取多个案例的设计。案例的数量不是由抽样逻辑所决定的,因此不会出现样本大小的问题。研究者在选择案例时应该审慎仔细,所选择的案例应该能预测相似的结果或基于可以预测的原因得出相反的结果。前者称为"原样复现",后者称为"理论复现"。在同一个研究中,一些案例可能是"原样复现",而另一些案例可能是"理论复现",选择几个成功的个案是"原样复现",选择不成功的个案做比较则是"理论复现"。在选择成功和不成功的案例时,研究者会定下成功所需条件的理论主张(理论假设),并选择那些可能会揭示这些条件是否为关键的案例。无论进行单一案例研究还是多个案例研究,很重要的一点就是有一个整体的分析单位或嵌入的分析单位。要牢记案例研究的设计不是在开始时就固定并在研究过程中保持不变的。实际上,在研究的初始阶段该设计可能就会有所变化,原来认为独特的案例研究也许最终只是常规情况。在多个案例研究中所要选取的案例也许会根据所收集的新信息而做出修改。开展多个案例研究需要投入大量的资源和时间,常常要一组研究者才能完成,它也要求收集数据的程序步骤和数据的分析应该符合标准。

运用案例分析法有以下步骤:(1)研究设计,包括定义研究问题、确立先验的理论假设、定义分析单位、确定诠释标准。①定义研究问题,即研究的问题是什么。进行案例研究的问题应该满足以下三个条件:问题要与当前在真实环境中发生的事件和行为有关,我们对此类问题几乎没有控制能力,以及有关"怎样"和"为什么"的问题。案例研究也涉及过去的历史,也可以用来回答除了"多少"和"多大程度"之外的"什么"之类的问题。研究者选择何种研究策略并不是绝对的,而应依据我们要研究的问题采取综合的方法。②理论假设。在少数情况下,虽然有一些研究没有任何理论主张(理论假设)(即使如此也应该有一个明确的研究目的,并基于此对数据的收集进行决策),但强迫自己陈述一些理论主张(理论假设)是很有用的。因为这些理论主张(理论假设)反映了一些理论问题,它会帮助研究者决定从何处去寻找证据,引导研究者进行相关数据的收集。③分析单位。分析单位可以是个人,也可以是一个事件或一个实体,如一门课程、一个过程或一次机构改革,后者比前者难界定,可以有主要的分析单位(Main Unit of Analysis)和嵌入的分析单位(Embedded Unit of Analysis)。例如,对能增强三星公司竞争力的关键政策进行案例分析,其中主要的分析单位是三星公司的关键政策,同时还存在一个嵌入的分析单位,即把其生产某种产品的过程作为一个典型进行研究。对分析单位的界定与对研究问题的界定是相关的。④诠释标准。怎样把数据与理论主张(理论假设)联系起来,以及在诠释这些结果时应该使用哪种标准?为了把数据与理论主张(理论假设)联系起来,在设计研究阶段就必须对理论主张(理论假设)进行明确的表述。需要注意的是,研究者在反复阅读数据时,很有可能形成新的主张(假设),这就需要根据新的主张(假设)对数据进行重新分析。(2)详细地获取有关材料,做到精缜、周详、准确。(3)对材料进行客观的分析(包括对过程要素和结构要素及各种要素之间的关系的分析),应避免从先验的框架出发对材料做主观的处理。(4)抽取出一般的结论,概括出具有普遍意义的原则、方法和模式。

案例分析的特点是,可以采用的研究方法比较多样,选择的虽为个案但要求有一定的典型性或代表性,要求深入描述,最大化还原整个案例的真实全景,同时要求研究人员具有较高的知识、分析和操作水平,但所需的时间比较长,其研究结果的代表性差。一般不能根据个案研究的结果来推断总体情况。然而由于个案研究往往是在社会的普遍联系中分析其研究对象的具体情况,因此也可以作为了解社会或总体情况的一般性参考。

案例分析法的优点是:(1)立足于典型的具体事例,可以提炼出适用于同类情况的一般原则、方法和模式,收到举一反三的效果。(2)有具体的事例作为示范,从而避开抽象的议论,揭示出某种一般原则在实际上是如何表现出来的,某些问题在实践中是如何解决的,某些方法是如何具体实施的。(3)具有发现特殊现象的优势,有可能发现被传统的统计方法所忽视的异常现象。在一般的统计分析中,异常现象的发现往往被当作外部因素而被加以排除,错失了发现新理论的机会。(4)研究的过程、研究对象的选择、数据来源有很大弹性,研究者可以自由选择和决定,在进入研究情境后有更大的发挥空间。案例法的缺点有:(1)缺乏严格性。往往缺乏严格的方法论规范和程序,加上研究者"先入为主"的主观意识和偏见,或者使用模棱两可的证据,从而影响研究发现和结论的方向。(2)难以进行科学的类推。研究对象有限,案例往往具有特殊性,很难将研究结果推及全体,缺乏代表性。(3)耗时费力。需要花费大量时间,有时还会产生大量的资料而增加总结的难度。

案例分析应当注意:(1)案例的选择必须考虑到典型性和代表性,研究结果应该有助于进一步证明和加强某种具有普遍性意义的结论,以便更充分地说明同一类问题或事件的本质;(2)个案研究过程应该非常注意发现类似问题或事件的共同特点,寻找支配这些问题或事件的普遍规律,以利于预测类似问题或事件的发生。

五、实验研究法

实验研究是指一种经过精心设计,并在高度控制的条件下,通过操纵某些因素,来研究变量之间因果关系的方法。实验的基本目标是确定两个变量之间是否有因果关系。一般而言,在实验过程中,研究者通过引入(或操纵)一个变量(即自变量)以观察和分析它对另一个变量(即因变量)所产生的效果。作为一种特定的研究方式,实验有着三对基本要素:(1)实验组和控制组;(2)前测和后测;(3)自变量和因变量。

实验研究的基本逻辑如下:实验的目的在于推测现象 X 是造成现象 Y 的原因,为了证明假设,首先观察 Y 的变化情况;然后,引入 X,并测量引入 X 后 Y 的情况,比较前后两次测量结果;如果情况发生变化,可以初步认为 X 是导致 Y 变化的原因。除了了解实验研究的基本逻辑外,我们还应注意到进行一项具体实验所必须满足的几个基本条件:(1)建立变量之间因果关系的假设。(2)自变量必须能够很好地孤立起来。也就是说,引入的变量必须与其他变量隔离开,即实验环境能很好地封闭起来。(3)自变量可以改变也容易操纵。最简单的是"有"和"无"的改变,对应的操纵是"给予实验刺激"和"不给予实验刺激"。更复杂的是程度上的变化,如"强""中""弱"等,对应的操作比如"十分困难的考试""一般难易程度的考试"和"十分容易的考试"。(4)实验程序和操作必须能重复进行。实验的可重复性也是实验结果高确定性的重要基础。

一般而言,实验研究包括 12 个具体步骤:(1)从一个有关因果关系的简单明白的假设开始;(2)根据实际条件决定一种合适的实验设计用来检验假设;(3)决定如何引入实验刺激或如何创造一种引入自变量的背景;(4)制定一种有效的和可信的因变量的测量;(5)建立实验背景,并对实验刺激和因变量测量进行预实验;(6)选取合适的实验对象或个案;(7)随机指派实验对象到不同的组,并对他们进行详细指导;(8)对所有组中的个案进行因变量的前测;(9)对实验组进行实验刺激;(10)对所有组中的个案进行因变量的后测;(11)告诉实验对象有关实验的真实目的和原因,询问他们的实际感受,尤其是当实验对象在某些方面被欺骗时,这种说明就更为重要;(12)考察所收集的资料,进行不同组之间的比较,并运用统计方法决定假设是否被证实。

实验法与其他研究方法相比,最大的优点在于可以通过控制研究对象,使研究精确化,具体表现在这几个方面:(1)观察到自然状态下所遇不到的状况,从而扩大研究范围;(2)把某种特定因素分离出来,比较某一特定因素影响的效果;(3)实验研究的过程有严格的控制,结果可靠;(4)可重复验证。

但是,实验研究的这一优点是建立在必备条件、操作程序、环境控制等方面的制约的基础上的。在选择实验研究时,要注意到某些特定因素的影响,如重大事件的影响、实验对象的发育所造成的影响、前后测环境不一致的影响、初试—复试效应的影响、实验对象选择和缺损的影响等等。

实验有很多分类方法,可以分为实验室实验与实地实验、真实验(标准实验)与准实验等。社会研究的对象和内容常常会限制严格的真实验设计的运用,因而在社会科学特别是行政学领域的研究中经常用到准实验法,在此单独做简要介绍。

准实验设计(quasi-experimental designs)是指缺乏真实验设计中的一个或多个条件或部分的实验。这一概念最早由 D.T.坎贝尔和 J.C.斯坦利于1966年提出,"准"就是"接近于"的意思。准实验设计一般有以下几种常见类型:(1)不相等实验组控制组前后测准实验设计。这种准实验设计方法通常应用的情况是:需要安排两组被试作为实验组和控制组进行研究,但又不能按照随机化原则重新选择被试样本和分配被试。这是一种典型的准实验设计方法,用于针对不同被试组在一开始就不相等时,进行实验组和控制组后测结果的比较。这种准实验设计在进行过程中要注意两个问题。首先,进行前测是要检验在实验要考证的问题上实验组和控制组原有的近似程度,而不考虑其他因素。只有当两个组在考证问题上原有水平相接近时,才能进行这种准实验研究。其次,对结果进行分析时,要对两个后测结果之间的差异进行统计检验,而非简单比较平均分、方差等,通过检验确定进行实验后两个组之间是否存在差异,差异程度如何。(2)不相等组后测准实验设计。在研究来自不同总体的样本之间的差别时,研究的主要目的是发现不同样本的特点及其差异的显著性。在研究中,自变量通常是研究者操纵的能诱发和引起样本各种特点表现的情境,因变量是被试在接受这些情境时的行为反应。这种准实验设计的方法,非常适用于对不同被试的心理特征进行研究。在这种准实验设计中,研究的设计方法和对变量的操纵等很接近真实验设计。与真实验的区别之处在于准实验实施过程中,被试的行为反应是在某种情节安排下自发产生的,有一定的偶然性;在被试的选择方面,虽然进行了分组和对象挑选,但并非遵循严格的随机抽样,因此存在一定欠缺,但只要研究过程中控制得好,所得的结果仍有说服力。(3)单组前测后测时间序列准实验设计。这种研究设计中只安排一个被试组,进行方法是:在一个时间段中,按固定的周期对被试组成员进行一系列的某种测试,然后让被试组接受实验处理(如某种与测试内容有关的训练或指导等),之后又按原来的周期安排同样的一系列测试。在这种设计中,进行前后测结果的差异比较时,不能只用实验处理前后最接近的两次结果进行比较,也不能直接做统计分析,要采用回归方程来判断一系列前后测数据之间的关系。(4)多组前测后测时间序列准实验设计。这种设计在单组前测后测时间序列准实验设计的基础上,增加两个或两个以上的组,这些组可以分为实验组和控制组,也可以全部作为实验组。一般情况下会设定一个控制组,因为实验组有控制组作为对照,可减少前后测次数。同时,为了能对多种处理效果进行比较,可以在时间序列上增加处理的数量,控制组与实验组同步进行前测和后测,便于将两者的结果予以比较。对于任何多组准实验设计,小组间的相似性越大,从实验结果中得出的结论就越可靠。(5)修补法准实验设计。在真实验和准实验中,实验组控制组对比实验的设计一般都让作为实验组的被试接受处理,然后将其后测结果和未接受处理的控制组的后测比较。但在有的情况下,研究者来不及找到两组整体相似的被试或难以安排同时开始实验等,因此组织者只能在未做前测的情况下先对经过某种处理的被试进行测试获得后测结果。这种后测结果没有充分的理由说明是哪种处理产生的,从而不能确定后测与处理之间的关系,为了弥补这一欠缺,在获得另一个整体组被试时,就安排进行与上面做过的后测相同的前测,然后再对这一组被试做同样的处理,并予以后测,通过第二组被试的前后测结果的比较,及第二组前测与第一组后测的情况进行比较来找出实验处理与后测之间的关系。

比起真实验研究,准实验研究有以下特点:(1)降低控制水平,增强现实性。准实验设计是将真实验的方法用于解决实际问题的一种研究方法,它不能完全控制研究的条件,在某些方面降低了控制水平。虽然如此,它却是在接近现实的条件下,尽可能地运用真实验设计的原则和要求,最大限度地控制因素,进行实验处理的,因此准实验研究的实验结果较容易与现实情况联系起来,即现实性较强。相对而言,真实验设计的控制水平很高,操纵和测定变量很精确,但是它对于实验者和被试的要求较高,带来操作上很大的困难,现实性比较低。(2)研究进行的环境不同。准实验研究进行的环境是现实的和自然的,与现实的联系也就密切得多。而真实验研究的环境与实际生活中的情况相差很大,完全是一个"人工制作"的环境,与现实的联系较难。(3)效度。准实验设计利用原始组进行研究,缺少随机组合,无法证明实验组是否为较大群体的随机样本,同时任何因素都可能对原始群体起作用,所以因被试挑选带来的偏差将损害研究结果的可推广性,从而影响准实验研究的内在效度,因此在内在效度上,真实验优于准实验设计。但由于准实验的环境自然而现实,它在外部效度上能够且应该优于真实验设计。因此,在考虑准实验研究的效度时,应该对它的特点有清楚的认识,并注意确定实验组间的对等性,同时在逻辑上对可能有的代表性和可推广性加以论证,避开其不足之处。

六、比较研究法

比较研究法,简称比较法,是科学研究中的基本理论方法之一。一般说来,它研究不同类型的社会或同一社会中不同的群体,并依据研究目的的需要,通过比较找出行为类型中的共同点和不同点,并找出产生这些共同点和不同点的原因。比较法是进行科学分类的基本前提。客观事物相互区别又相互联系:既有相似处,又有相异点。通过比较,既可以具体地了解事物之间的相似,又可以具体地了解事物之间的相异,为进一步分类提供客观依据。

比较法依其自身的特点,分为纵向比较法、横向比较法、纵横结合比较法与理论和事实相比较的方法。纵向比较法是将同一或同类事物在不同历史条件下的具体形态加以比较的方法,具有历史性、时间顺序性以及纵深感的特点,故又名历史比较法。横向比较法是将同一水平横断面上的不同事物,按照某个同一性的标准进行比较的方法,例如,将同是第三世界国家,同是亚洲国家,同是大国的中国与印度做政治、经济、科学文化的比较,就是横向的比较。纵横结合比较法,是将纵向比较和横向比较结合起来的方法。通过纵横比较,既可以了解参加比较的事物在历史发展中的相似与相异,又可以了解它们横断面上的相同与不同,因而,可以获得对参加比较的事物更加全面的认识。理论与事实相比较的方法,是将理论研究的结果与观察实验获得的数据进行比较的方法。通过这种比较,可以确定研究所得的结论是否与观察所得的数据相一致,也可以反证数据是否真实。

比较研究法一般按如下步骤进行:(1)确定比较的主题。根据研究课题确定比较的内容,限定比较的范围,并按比较主题统一比较标准。这一步是进行比较研究的前提,也是比较的依据和基础。比较研究首先要明确比较什么,这是比较的前提。这一环节包括以下细节:选定比较的主题;确定比较的内容,也就是确定比较的项目;确定比较的范围;制定比较的标准,没有标准就无法进行比较。比较的标准可据实际情况制定,但要求明确化、具体化,即具有可操作性。(2)搜集资料并加以分类。通过各种渠道和方法,尽可能客观地搜集研究课题的有关资料,并根据课题目标对资料进行梳理、分类、归纳。要通过各种途径尽可能多地搜集相关的各种资料,并对资料进行鉴别,保证资料的权威性和客观性,然后,对各种资料按比较的指标进行归类、并列。最后,对这些归好类的资料做出解释,即赋予资料以现实意义,为下一步的比较分析奠定基础。(3)比较分析。这是比较研究最重要的一步,在这个阶段要对搜集到的材料逐项按一定的标准进行比较,并分析其产生差异的原因。这一过程必须是对搜集、整理后的资料进行诠释、分析和评价。诠释应抓住属性,分析应由初步到深入,注意相比较事物间的内在联系和全面性,评价应注意客观性。(4)得出比较结论。通过对材料的分析比较得出结论,并对所得的结论进行理论和实践的论证。

运用比较研究法的条件是:比较研究法广泛运用于社会科研实

践中,但并不是任何时候都能运用,只有比较的对象具有同一性、双(多)边性和可比性,才能运用比较研究法。(1)同一性是指进行比较研究的对象必须属于同一范畴,符合同一标准,或者是同一类事物,否则就不可以比较。(2)双(多)边性是指比较只有在两个或两个以上事物之间才可能发生,换言之,比较的对象必须要在两个以上。当然,比较研究还要求从不同的角度对研究对象进行分析比较。(3)可比性是指比较对象之间的现实性必须属于同一范畴,有一定的内在联系,并能用同一个标准去衡量和评价。可比性由两方面因素构成:一是差异性和矛盾性(具有各自本身的特点才能进行比较);二是同一性和相似性。为保证可比性,必须做到:比较的标准要统一;比较的范围、项目要一致;比较的客观条件要相同。

比较研究的优点是:(1)可以帮助人们更好地认识事物的本质,把握普遍规律。(2)能使人们更好地认识本土的状况。通过跨国比较、跨文化比较、跨学科比较、跨地区比较,可以找出一些共同的问题,发现哪一些是本土的特殊问题,因而能更好地认清本土的状况,有效地推动本土的发展。(3)帮助人们获得新的发现,通过比较往往可以从新的角度发现差异形成的原因。不过缺点也在于其样本量较小,所得出的结论难以类推。

比较研究法应注意如下几点:(1)资料的可靠性与解释的客观性。供比较研究的资料必须具有权威性、真实性,最好是第一手资料,而且要具有代表性,能反映普遍的情况。最后要求资料具有典型性,能反映事物的本质。在解释资料时要根据当时当地的客观实际,运用科学的理论加以全面分析,并保证解释的客观性。(2)全方位多角度进行比较。任何事物都不是孤立地存在的,而是与其他事物密切联系的,所以应坚持全方位多角度的比较。(3)坚持全面本质的比较。事物不仅有现象的异同,更有本质的异同。比较研究不能仅抓住表象而忽视本质,否则就难以准确地认识事物。为了运用好比较研究法,我们还必须克服主观片面性,坚持客观的科学态度,不能仅凭一些似是而非、片面零碎的材料轻率下结论。

参考文献

陈振明主编:《社会研究方法》,中国人民大学出版社2012年版。

陈晓萍、徐淑英、樊景立主编:《组织与管理研究的实证方法》,北京大学出版社2008年版。

张彦:《社会研究方法》,上海财经大学出版社2011年版。

张剑、安海忠编著:《社会研究方法》,东北财经大学出版社2012年版。

侯先荣、曹建新编著:《MBA学位论文写作指南》,华南理工大学出版社2006年版。

王海山、王续琨主编:《科学方法辞典》,浙江教育出版社1992年版。

孙慕天、杨庆旺、王智忠主编:《实用方法辞典》,黑龙江人民出版社1990年版。

袁世全、冯涛主编:《中国百科大辞典》,华夏出版社1990年版。

刘永中、金才兵主编:《英汉人力资源管理核心词汇手册》,广东经济出版社2005年版。

李忠尚主编:《软科学大辞典》,辽宁人民出版社1989年版。

邱沛篁、吴信训、向纯武等主编:《新闻传播百科全书》,四川人民出版社1998年版。

陈善卿主编:《教师基本技能训练辞典》,南京大学出版社1995年版。

刘蔚华、陈远主编:《方法大辞典》,山东人民出版社1991年版。

第一章

人力资源开发及其战略研究案例

📎 **本章学习目标提示**

- 了解人力资源开发及其战略研究的特点
- 掌握提高问卷科学性的方法
- 掌握访问法的实施要点
- 重点理解访问后使用内容分析法分析情景性资料的过程

【案例呈现(一)】

国有企业人力资源管理战略研究

一、引言

改革开放以来,我国国有企业的生存环境发生了巨大变化。就国际环境而言,由新技术革命引发的世界性的产业升级、产业梯度转移的浪潮席卷全球。国际企业不得不改变其固守了几十年的经营理念与管理方式,逐渐从产品经营转向资本经营、资产经营,从技术经营转向智力经营;企业竞争重点已从物质资本与市场转向人力资本。

就国内环境而言,国有企业依然是国民经济的支柱。但由于国有企业及其特殊的治理结构是在资金短缺条件下推行重工业优先发展战略诱生的内生性制度安排,计划体制的制度刚性形成了国有企业的制度缺陷。20世纪80年代以来,国有企业对国民经济增长的贡献额逐年下降①。同时,一大批三资企业、民营企业以其灵活的经营方式和管理手段在经营上显现出良好的绩效与较强的生命力,对国有企业形成了不容回避的严峻挑战;跨国公司的大量进入,更使得国有企业在原产业内赖以发展的空间日益狭窄。

针对上述国有企业所面临的困境,国内外许多经济学家、管理学家提出了一系列旨在改造国有企业产权制度、内部治理结构的政策主张。但我们通过对大量的"改制"企业的实地考察与访问,发现企业制度创新如果不与企业内部人力资本存量的调整即人力资源管理与开发相协调配合,则很难收到预期的效果。因而本文认为,中国国有企业改革,应该既是一个吸收西方现代企业制度的过程,又是一个适应"以人为中心"的现代企业管理革命,有效实施企业人力资源开发和管理的过程。国有企业改革应该将这两个过程协调整合。

二、研究方法与分析工具

本文采用国际通行的人力资源指数分析法,对中国企业现有的人力资源开发与管理模式进行系统而客观的综合评估,该方法是南京大学国际商学院院长、博士生导师赵曙明教授在美国著名人力资源管理专家弗雷德里克·舒斯特(Frederick Schuster)博士长期研究的基础上,根据中国企业的实际情况而设计出来的一套人力资源管理测评系统。

人力资源指数分析方法是测定企业人力资源实际状况的量化指标体系,它采用问卷表的形式对企业各层次管理人员及各类员工进行调查,并结合系统而深入的访问,获取企业人力资源开发与管理的

---

① 国家统计局:《中国统计年鉴(1996)》,中国统计出版社1996年版。

真实情况。人力资源指数问卷表由15个分类因素及73项指标组成,广泛涉及企业的报酬制度、信息沟通、组织结构与效率、关心员工、人际关系以及参与管理等各个方面。各分类因素涵盖内容如下:(1)报酬制度:工资、津贴、奖金、福利、住房、劳保状况;(2)信息沟通:组织内外信息的纵向与横向沟通效果与现状;(3)组织效率:组织与个人工作效率;(4)关心职工:员工对组织关心的印象与感受;(5)组织目标:组织目标是否明确,各层次员工是否了解,组织目标与个人工作、个人目标是否一致;(6)合作:组织内部合作状况,合作与组织效率及员工能力发挥的关系;(7)内在满意度:员工对工作、报酬、组织、管理、环境及自我发展的满意程度,以及由此产生的进取意识及对工作与组织的自豪感;(8)组织结构:管理体系、规章制度、职能机构是否健全与正常运转;(9)人际关系:组织内部员工之间的感情沟通状况及其对实现组织目标的影响;(10)组织环境:组织内外环境、气氛状况、员工对组织环境的感受;(11)参与管理:员工参与企业管理的机会及其作用;(12)基层管理:基层管理是否有效及员工的评价;(13)中高层管理:中高级人员管理能力、人品及效果,员工对其信赖程度;(14)用人机制:人力资源开发、利用、管理的内部机制是否正常与健全,是否适应市场经济;(15)职工精神与期望:职工精神状况以及对未来的期望。

我们从1996年12月至1997年6月,历时半年,以问卷的形式在深圳、广州、重庆、武汉、宜昌、长沙、南京、无锡、苏州、镇江、济南、北京、上海等城市对近百家企业进行了实地调查,其中国有企业发放问卷35家,回收问卷的19家,发放问卷2350份,回收1221份,回收率51.53%。就回收样本国有企业的地区分布来看:华南地区合计5家占26.3%,华中地区计4家占21.1%,华东地区7家占36.8%,华北地区3家占15.8%,地区分布较为均匀。

在对国有企业人力资源管理状况进行定量测评的同时,我们还对样本企业的不同层次员工进行了大量访问,获取了大量的第一手资料。

三、实证分析

（一）样本企业人力资源指数总体状况分析

表1　国有、三资、民营企业人力资源指数均值表

	报酬制度	信息沟通	组织效率	关心职工	组织目标	合作	内在满意度	组织结构	人际关系	组织环境	参与管理	基层管理	中高层管理	用人机制	职工精神与期望	总均值
国有企业	3.23	3.26	3.17	3.38	3.39	3.35	3.27	3.06	3.39	3.25	3.07	3.33	3.24	3.09	3.30	3.25
民营企业	3.14	3.24	3.32	3.27	3.51	3.35	3.38	3.04	3.48	3.30	3.09	3.39	3.40	3.20	3.36	3.30
三资企业	3.32	3.45	3.62	3.25	3.66	3.60	3.46	3.18	3.57	3.60	3.17	3.56	3.66	3.47	3.58	3.47
总样本	3.21	3.29	3.32	3.31	3.49	3.40	3.35	3.08	3.46	3.33	3.10	3.39	3.39	3.21	3.38	3.31

从表1可以看出,就整体而言,三类企业的人力资源指数均值呈现出三资企业大于民营企业,民营企业大于国有企业的特征,就国有企业而言：

（1）样本国有企业人力资源指数均值为3.25,低于民营企业(3.30),更低于三资企业(3.47),低于国际标准(3.31),这在总体上表明国有企业现阶段人力资源管理与开发水平的滞后性。曾经支撑国有企业创造出我国工业化奇迹的人力资源,已不再适应现阶段的社会主义市场经济。而三资企业由于其独特的制度特征,从其产生之初就与市场经济紧密相连,其人力资源管理与国际接轨的程度较深,表现出较为良好的人力资源管理绩效。样本民营企业人力资源指数均值,与国有企业较为接近,这与我国民营企业特定的内涵相关。包括集体企业在内的我国民营企业,其管理方式与国有企业在整体上具有相似性,但其在经营上的自主性、灵活性,使其人力资源使用效率较高,从而表现出略高于国有企业的人力资源管理绩效。

（2）样本国有企业人力资源指数15个分类因素均值分布在3.06—3.39之间,其中有12个因素分布在3.23—3.39之间,这种比较均衡的均值分布表明国有企业人力资源管理有比较强的均衡性,这

与国有企业管理方式在我国沿袭几十年紧密相关,员工对这一管理模式形成了习惯与共识。这同时也表明15个分类因素作为一种指标体系具有内在的整合性。

(二)样本国有企业人力资源指数分类因素分析

(1)在人力资源指数分类因素(表2)中,国有企业只有"关心职工"这一项得分(3.38)既高于三资企业又高于民营企业,这从整体上表明国有企业比三资企业和民营企业更关心职工的基本福利,如住房、医疗保险等,从而在薪酬等因素明显低于三资企业的情况下,国有企业员工依然对组织有着强烈依赖感。当然,这也与我国员工将薪酬、福利等因素视为一体的传统以及国有企业办社会的历史与现实相关。

表2 关心职工、报酬制度因素均值

	关心职工	报酬制度
国有企业	3.38	3.23
民营企业	3.27	3.14
三资企业	3.25	3.32

与民营企业相比,国有企业"报酬制度"因素上的得分较高,与其报酬制度的稳定性有关。民营企业作为改革开放的产物,有其经营自由、机制灵活的优势,但在报酬制度及员工福利上具有不稳定性,这些特征都在一定程度上影响了其人力资源管理的绩效水平。而三资企业较为优越的报酬制度正是其吸引人才的重要因素之一。

(2)信息沟通、组织结构、组织效率和组织目标这四个因素联系较为密切(表3)。组织结构是信息沟通的渠道和载体,是组织效率的基础,而组织目标的协调一致,更有赖于良好的信息沟通。与民营企业相比,国有企业的组织结构比较稳定,形式化特点明显。而民营企业一方面在经营管理上具有非规范性的特点,越级管理和高度的集权与控制常常成为影响其人力资源管理的重要因素;另一方面,民营企业在管理上又追求实用性,较高的人力资源使用效率维持着较高的组织效率,集中统一的领导能使其组织目标得以迅速贯彻和实施。

表 3　信息沟通、组织结构、组织效率、组织目标因素均值

	信息沟通	组织结构	组织效率	组织目标
国有企业	3.26	3.06	3.17	3.39
民营企业	3.24	3.04	3.32	3.51
三资企业	3.45	3.18	3.62	3.66

（3）合作、人际关系和组织环境这三个因素具有内在的关联性（表4）。良好的组织环境正是通过企业内员工间的紧密合作和和谐的人际关系表现出来的。长期以来国有企业具有行政色彩的管理模式,同时受计划经济的影响,其内部员工关系较为复杂,内耗严重。而民营和三资企业员工关系较为单纯,内耗较少,因而这三个因素上的得分明显高于国有企业。

表 4　合作、人际关系、组织环境因素均值

	合作	人际关系	组织环境
国有企业	3.35	3.39	3.25
民营企业	3.35	3.48	3.30
三资企业	3.60	3.57	3.60

（4）参与管理、基层管理、中高层管理和用人机制这四个因素具有相关性（表5）。用人机制从整体上反映企业人力资源管理状况,中高层管理、基层管理、参与管理因素则是从不同层次员工的角度来评价企业的人力资源管理状况。在这四个因素中,国有企业与民营企业和三资企业差距最大的是中高层管理因素,差距最小的是参与管理因素。这说明员工对国有企业的中高层管理人员的能力与创新精神不太满意。结合访问,我们发现国有企业的中高层管理人员其权力常常受到限制,不能真正实现对企业的自主经营,这与我国政企尚未完全分开的现实是相吻合的。就参与管理因素而言,三类企业的得分值都不高,这说明包括国有企业在内的我国企业吸引员工参与管理的程度都不够。用人机制因素在国有和民营企业中得分值低

于国际标准(3.31),究其原因,如果说国企是由于其经营机制,那么民营企业则主要是由于用人唯亲的"家族式"管理方式。

表5 参与管理、基层管理、中高层管理、用人机制因素均值

	参与管理	基层管理	中高层管理	用人机制
国有企业	3.07	3.33	3.24	3.09
民营企业	3.09	3.39	3.40	3.20
三资企业	3.17	3.56	3.66	3.47

(5)内在满意度因素(表6)可以认为是15个因素中最具代表性和综合性的因素,与民营和三资企业相比,国有企业员工的内在满意程度是较低的,这充分验证了国有企业的现实状况。

表6 内在满意度因素均值

	内在满意度
国有企业	3.27
民营企业	3.38
三资企业	3.46

(三)样本国有企业人力资源指数均值区域分析

表7 国有企业人力资源指数均值地区比较表

	总均值	报酬制度	信息沟通	组织效率	关心职工	组织目标	合作	内在满意度	组织结构	人际关系	组织环境	参与管理	基层管理	中高层管理	用人机制	职工精神与期望
全国均值	3.31	3.21	3.29	3.32	3.31	3.49	3.40	3.35	3.08	3.46	3.33	3.10	3.39	3.39	3.21	3.38
全国国企	3.25	3.23	3.26	3.17	3.38	3.39	3.35	3.27	3.06	3.39	3.25	3.07	3.33	3.24	3.09	3.30
华南均值	3.38	3.25	3.37	3.32	3.39	3.53	3.43	3.42	3.17	3.49	3.42	3.14	3.47	3.49	3.32	3.45
华南国企	3.26	3.23	3.22	3.36	3.28	3.31	3.25	3.27	3.33	3.28	3.04	3.23	3.04	3.38	3.33	3.21
华东均值	3.37	3.40	3.42	3.15	3.58	3.55	3.59	3.41	3.06	3.59	3.19	3.55	3.26	3.06	3.40	
华东国企	3.29	2.95	3.05	2.84	2.99	3.28	3.50	3.32	3.25	3.48	3.29	3.07	3.09	3.41	3.39	3.23
华中均值	2.94	3.12	2.62	2.99	3.00	3.00	3.11	3.03	2.55	3.34	2.94	2.70	2.92	2.98	2.73	3.14
华中国企	2.94	2.76	2.95	2.74	3.06	2.95	2.92	2.98	3.01	2.88	2.84	3.01	2.76	3.26	3.00	3.01
华北均值	3.19	3.10	3.13	3.37	3.11	3.44	3.32	3.21	2.92	3.38	3.17	3.01	3.23	3.22	3.01	3.23
华北国企	3.13	2.93	3.18	3.15	3.15	3.41	3.39	3.27	3.04	3.45	3.38	3.18	3.37	3.18	3.42	3.10

从表 7 我们大体可以归纳出样本国有企业人力资源指数的地区特征：

（1）就各地区国有企业人力资源指数均值来看，四大地区依次为华东地区 3.29、华南地区 3.26、华北地区 3.13、华中地区 2.94。这表明，改革开放程度较深的华东、华南地区，国有企业在推行企业经营机制转换，实施现代企业制度的过程中，逐步焕发了生机，表现出较华中地区国企强的生命力。本次调查的华北地区国有企业主要集中在京津地区，该地区独特的政治、经济优势必然会为该区域的国有企业发展提供较为广阔的空间，因而也表现出较华中地区国有企业更强的管理绩效。华中地区是我国军工企业、"三线企业"较为密集的地区。该地区国有企业独特的地缘特征和计划体制较强的制度惯性，使该地区国有企业的人力资源管理模式更显僵化和滞后。因而其指数分值与其他三地区相比最低。

（2）从各地区内部来看，华南地区的国企人力资源指数均值与地区人力资源均值相差 0.12，华东相差 0.08，华北相差 0.06，华中地区均值与该地区国企均值相等。这表明：华南地区作为改革开放的前沿地带，拥有众多新兴的工业城市，是三资、民营企业最为活跃的地区，而该地区国企分布不如华东、华北密集，从而使该地区的指数均值较高，与该地区的大批三资、民营企业相比，国有企业的管理方式相对落后，表现出两方面较大的反差，因而，该地区国企人力资源均值与地区人力资源均值差距较大。华东地区与华北地区是国有企业相对密集的地区，也是我国改革开放程度较深的地区，这两区域的国有企业在不断地推行改制与创新，从而使这两区域的两项指数均值之差，相对较小。华中地区两项均值相等，且分值较低，说明该地区企业整体人力资源管理水平较低。还同时说明该地区的三资、民营企业的发展水平较低，没有能形成提升该地区整体人力资源管理与开发水平的能力。

(四) 人力资源指数的员工层次分析

表 8　随机抽样企业人力资源指数均值表

	报酬制度	信息沟通	组织效率	关心职工	组织目标	合作	内在满意度	组织结构	人际关系	组织环境	参与管理	基层管理	中高层管理	用人机制	职工精神与期望
华南计算机厂															
1	3.50	3.83	3.22	3.33	3.56	3.13	3.38	3.56	3.20	3.80	3.48	3.33	3.25	3.33	3.33
2	2.96	3.01	2.78	3.02	2.98	3.32	3.13	2.48	3.41	3.14	2.77	3.14	2.70	2.93	3.12
3	2.97	2.85	2.78	3.12	2.77	3.09	2.87	2.62	3.11	2.98	2.64	2.95	2.58	3.00	3.06
4	2.94	2.72	2.74	2.89	2.83	3.05	0.09	2.63	3.17	2.90	2.59	3.14	2.65	2.83	2.91
5	2.39	2.26	2.16	2.33	2.54	2.75	2.63	2.60	2.87	2.51	2.11	2.67	2.00	2.89	2.57
6	2.99	2.96	2.89	3.12	3.01	3.16	3.16	2.87	3.24	3.06	2.77	3.28	2.70	2.94	3.06
湘潭印染厂															
1	3.02	3.39	3.17	3.66	3.20	3.30	3.41	3.52	3.46	3.24	3.40	3.23	2.97	3.13	3.34
2	2.86	3.03	2.70	3.14	2.97	2.95	2.90	2.91	2.92	2.81	2.91	3.09	2.90	2.88	3.08
3	2.44	2.61	2.38	2.77	2.67	2.71	2.57	2.66	2.63	2.61	2.51	2.71	2.41	2.76	2.77
4	2.64	2.69	2.55	2.90	2.74	3.00	2.64	3.05	2.93	2.83	2.56	3.06	2.53	3.03	2.35
5	3.33	3.54	3.49	3.21	3.39	3.34	3.49	3.31	3.20	3.35	3.17	3.21	3.33	3.62	3.23
6	2.72	2.91	2.75	3.02	2.99	2.95	2.97	2.94	3.13	2.88	2.84	2.98	2.75	2.91	2.98

注:1.高层管理人员;2.中层管理人员;3.基层管理人员;4.技术人员;5.一线员工;6.其他。

表 8 是随机抽样的两个国有企业的人力资源指数均值分布表,从这两个企业的人力资源指数分布来看,各层次员工的主观感受表现出如下的差异:

(1) 高层管理人员的赋分值明显高于其他员工。这表明高层管理人员对其企业的人力资源管理状况的评价较高。就我们访问的各层次员工的感受以及大部分国有企业的经营绩效而言,这一主观感受与企业的现实并不吻合。我们认为:国有企业的行政色彩,维持着高层管理者的既得利益,使其存在维护既得利益的个人偏好,缺乏真正意义上的创新精神和风险意识。

(2) 中下层管理人员的均值,绝大部分因素低于高层管理者,甚至有的因素低于"一线员工"和"其他"。由此,我们推断他们对国企人力资源管理状况满意程度较低。在访问过程中我们感受较深的是,相当多的国有企业的中下层管理人员,对企业人力资源管理状况看得清楚,有独到的见解,但没有发挥的舞台,都在伺机而动。

(3) 值得注意的是,在两个随机抽样的国有企业中,技术人员指数均值排序为倒数第二,这反映了技术人员感觉受重视程度不够,待遇低,才能得不到发挥。结合我们的访问资料发现,国有企业对科技人才的重视程度较低与其固有的低效的用人机制密切相关。对科技人员只有使用,没有开发,只有行政色彩的人事管理,没有真正意义上的人力资源管理与开发。

(4) 一线员工与其他员工,在国有企业中的赋分值经常高于除高层管理人员之外的其他员工,这说明一线员工和其他员工,将国有企业看成是一种归属,仍普遍存在吃大锅饭的心态。

四、结论与建议

(一) 结论

(1) 就整体而言,在三类企业中国有企业的人力资源管理与开发水平最低,这与长期以来国有企业深受计划经济的影响直接相关。计划经济体制以低效吸纳就业,以实现整个社会的低水平充分就业。随着科技进步和产业升级,企业内隐性失业逐步显性化。国有企业充斥大量的冗员,人浮于事,严重影响了企业的人力资源管理水平。

(2) 就区域而言,国有企业人力资源管理水平极端不平衡,华东和华南地区国有企业人力资源管理水平明显高于华北和华中地区,这与我国改革开放由沿海向内地逐步延伸的格局一致。以产权改革为契机,华东和华南地区国有企业转换企业经营机制,正逐步走向深入,规范的国有企业制度为人力资源管理和开发提供了制度保证。而华北和华中地区国企改革的进程相对滞后,因而,作为企业管理核心内容的人力资源管理,也就相对滞后。

(3) 就国有企业内部而言,长期缺乏人力资源规划;缺乏科学规范的员工业绩考评标准和考评体系;不考虑员工的职业生涯发展;强调单一的精神激励,而缺乏物质激励的后续支撑;以经验式、行政式的权力型的人事管理代替人力资源管理。这一切都造成了国有企业内部人员和岗位不相匹配,不能真正实现人尽其才,才尽其用,从而导致国有企业一方面存在着大量的富余人员,另一方面又面临着人才短缺的困境。

（4）国有企业的组织架构大多采取类似于政府机构的科层制结构。这一结构严重影响了国有企业的信息沟通和科学决策。同时,这一组织架构和缺乏有效的激励系统,造成了国有企业内部普遍缺乏一支富于创新精神和风险意识的中高层管理人员队伍,行政式的任命制度更使企业的政策缺乏延续性,这一点也就从根本上决定了国有企业缺乏一种长期的战略发展规划。

（二）建议

（1）完善国有企业的法人治理结构,建立科学高效的组织架构。作为现代市场经济的特定产物,现代企业制度具有产权清晰、责权明确、政企分开、管理科学的特点,以所有权和经营权的分离为主要特征,这一企业制度能真正实现企业的高效、自主运作,并使其成为市场经济的独立经济主体。同时,随着国有企业国际化进程的加快,企业内信息沟通和科学决策越来越依赖于企业建立的组织架构,实现由金字塔式的科层制向扁平的事业部制的转变是国有企业科学高效运转的保证。

（2）在国有企业内部建立人力资源管理的职能部门。规范的人力资源管理部门应该承担企业内部的员工招聘、调迁、晋升、薪资、培训、绩效评估等工作。国有企业原有的人事行政部门是一种权力型部门,将企业员工看成管理的对象,而真正的人力资源部门应是一种服务和咨询部门,为企业的各个职能部门服务:提供人员信息、绩效评估标准、组织和实施培训等。

（3）制定和实施人力资源规划,建立和完善绩效评估系统。国有企业长期以来没有人力资源规划,绩效评估更依赖于传统的经验,缺乏客观的标准。制定和实施人力资源规划可以有效地克服国有企业人员富余和人员短缺并存的困境。完善的人力资源规划包括宏观、微观两个层次,长期和短期人力资源的招聘、使用、培训、晋升、调迁等计划。完善的绩效评估系统应包含物质和精神两个方面,并能充分体现企业内部的公正性和合理性,建立一套客观的绩效标准则是形成和完善绩效评估系统的基础和核心内容。随着国有企业的发展壮大,逐步实现绩效评估与培训和职业生涯发展的紧密结合,才能克服长期以来存在于国有企业的松散、零碎的培训状况。

(4) 注重企业家队伍的建设。企业家是创新的主体,无论是企业的制度创新,还是人力资源发展战略都有赖于企业家的创造性工作。无数事实表明,企业家是企业的灵魂。为此,一方面要真正实现政企分开,这是形成企业家队伍的前提;另一方面,全社会范围内还要形成一种对企业家的宽松、爱护的氛围。

案例来源:赵曙明、翟俊生、覃友茂、苟厚平:《国有企业人力资源管理战略研究》,《管理世界》1998 年第 3 期,第 196—201 页。(有删改)

【案例点评(一)】

本例对国有企业现有的人力资源开发与管理模式进行了综合评估,对企业人力资源管理状况,尤其是国企的人力资源状况进行了较为全面的了解,在此基础上对国企人力资源管理战略提出了改进的意见。研究以问卷法为主要研究方法,使用人力资源指数作为评判工具,对获得的数据进行了深入分析。

问卷法的主体之一就是问卷的科学性。本例的问卷为在国际通行的人力资源指数分析法之基础上中国实地化的问卷,并结合访问作为补充。人力资源指数分析方法的问卷由 15 个分类因素及 73 项指标所组成,涉及报酬制度、信息沟通、组织效率、关心职工、组织目标、合作、内在满意度、组织结构、人际关系、组织环境、参与管理、基层管理、高中层管理、用人机制、职工精神与期望等 15 个方面。由于问卷本身有前期研究作为基础,其信度、效度满足研究的需要。在研

第一章 人力资源开发及其战略研究案例

究样本方面,企业广泛分布于全国各地。研究在问卷的基础上通过大量访问进行资料的补充,从而得到大量一手资料。

在数据分析方面,首先进行的是企业人力资源指数总体状况的分析。这其实是将每类企业在人力资源方面的均值列出比较。比较国企、民营企业和三资企业,可以发现国企现阶段人力资源管理与开发水平的滞后;比较国企人力资源指数的15个分类因素,可以看出国企的人力资源管理较为均衡。接着分别分析各类因素,从中发现国企人力资源管理形成的优势以及当前相对民营、三资的不足。例如,"关心职工"的得分是三类企业中的最高值,但报酬制度只在中间水平,这说明国企更关心员工的基本福利,在薪酬因素明显低于三资企业的情况下,国企员工对组织依然有强烈的依赖感。之后本例对国有企业人力资源指数进行了区域分析,即比较不同地区国企各因素的均值。从各地区来看,均值从大到小依次为华东地区、华南地区、华北地区、华中地区,这也说明了不同地区的人力资源管理处于不同的水平。从地区内部来看,可以发现国企与该地区的人力资源管理水平也存在一定差距。如华南地区国企与地区值相差0.12,差距最明显,表明在华南地区国企的发展相对落后。最后本例进行了人力资源指数的员工层次分析,以两个随机抽样的国企为例,分析高层管理人员、中层管理人员、基层管理人员、技术人员、一线员工等各层次员工在企业人力资源管理中的主观感受,并以此估计各层次员工对国企人力资源管理的满意程度以及国企对各层次员工的重视程度。总体来看,本次调查的结果表明国企的人力资源管理与开发的水平较低,发展水平不平衡,内部缺少长期人力资源规划,缺乏考评体系,组织结构不合理,最后研究者针对这些问题提出了相应的建议。

本例的价值在于对企业人力资源管理的评价。不过对于评价工具,在本例中并无充分的介绍。在对样本国有企业人力资源指数分类因素进行分析时,尽管分为四组予以说明,但分组标准却并不清晰,尤其是"这四个因素联系较为密切""这三个因素具有内在的关联性""这四个因素具有相关性"等表述缺少数据的支撑,也欠缺理论的说明。在对区域进行分析时,国有企业的数量在华中地区只有 4 家,华北地区更是只有 3 家,样本量较小,而进行员工层次分析时只随机抽取 2 家作为比较,这样得出的结论难免缺乏支持。此外,按员工层次分析企业人力资管理时,将员工的主观感受等同于满意度和重视程度来解读同样缺少理论支持。

【案例思考(一)】

1. 本例中人力资源指数有哪些指数?可以通过什么方法得到这些指数?

2. 问卷发放中辅以访问在获得数据上有何帮助?

3. 本例中是如何对三类企业的人力资源指数进行比较的?通过表 1 你还可以得到哪些信息?

4. 对国企人力资源指数均值进行区域分析时,样本量足够吗?得到的结论令人信服吗?

5. 员工对企业人力资源管理的感知与员工对人力资源管理的满意度和企业对员工的重视度等同吗?本例得出的结论可以怎样进一步研究?

【案例呈现(二)】

企业人力资源开发中性别歧视的表现形式
——基于内容分析的访问研究

一、引言

在我国建设和谐社会的过程中,亟须解决性别平等问题。由于经济地位是衡量和评价整个社会地位的决定性因素①,因此性别平等就集中表现为经济地位的性别平等。鉴于企业是社会经济的基本单位,自然就成为关注和研究经济地位性别平等和性别歧视问题的较好切入点。正是基于此,本文聚焦于企业人力资源开发中的性别歧视问题。

纵览以往人力资源开发(HRD)中性别歧视问题的相关研究,可以发现,一方面,以往研究主要关注晋升中的玻璃天花板(glass ceiling)、雇用性别歧视(employment gender discrimination)、职业性别隔离(occupational gender segregation)、薪酬性别歧视(gender salary discrimination)和差异以及性别歧视的原因等问题,欠缺对性别歧视各种表现形式本身的具体分析;另一方面,以往相关研究也相对较少将性别歧视问题的探讨置于组织或者企业背景中。埃利(Ely)等学者在对世界顶级管理学和心理学杂志上的性别差异研究文章进行分析后发现,在 13 篇研究文章中,仅 17% 的文章将实证分析过程与组织联系起来,12% 的文章将实证分析过程置于组织中。② 因此,本研究尝试将性别歧视问题置于企业人力资源开发背景中,具体分析企业人力资源开发中性别歧视的表现形式。对这一问题的探讨也是进一

---

① 丁文:《关于妇女社会地位指标体系的理论探讨》,《新华文摘》1995 年第 8 期。
② R. Ely and I. Padavic, "A Feminist Analysis of Organizational Research on Sex Differences", *Academy of Management Review*, Vol. 32, No. 4, 2007, pp. 1121-1143.

步分析企业人力资源开发中性别歧视程度及制定消除性别歧视策略的基础。根据赫利(Heery)等学者的观点,企业人力资源开发过程是指企业鼓励雇员通过不同的培训项目、培训课程和学习安排获取新知识和技能,从而实现组织目标的过程。① 对雇员个体而言,人力资源开发能够在提高工作稳定性、拥有更多的组织内职业生涯机会、提高雇员在组织外的就业能力等方面提供有利机会。而根据杨宜勇的观点,组织或者企业的人力资源开发活动,强调通过招聘、培训、晋升和薪酬管理以及文化建设等人力资源实践活动有效发挥员工潜能,进而实现组织目标。② 可见,企业人力资源开发过程就是获取员工、提升员工以实现组织目标的过程。它涉及人力资源管理实践的多个环节,具体包括雇用、工作安排、培训、薪酬管理和绩效评定环节。人力资源开发中的性别歧视是指人力资源管理决策,如甄选、评估、晋升和薪酬决策,是基于人的生理性别和社会性别等特征,而不是基于个体资格和工作绩效而做出的。③ 这里的性别歧视是指针对女性的性别歧视。

本研究首先基于以往文献构建企业人力资源开发中性别歧视表现形式的模型,然后,通过深度访问法获取性别歧视表现形式的情景性资料,运用内容分析技术结构化地分析资料,进而验证模型以明确企业人力资源开发中性别歧视的表现形式。

二、企业人力资源开发中性别歧视表现形式的模型构建

由于以往文献中没有对性别歧视表现形式的直接研究,因此要构建企业人力资源开发中性别歧视表现形式的模型,必须从性别歧

---

① E. Heery and M. Noon, *A Dictionary of Human Resource Management*, Oxford University Press Inc., New York, the United States, 2001, pp. 160-161.
② 杨宜勇:《人力资源开发宏观层面和微观层面》,《中国人力资源开发》1997年第6期。
③ B. A. Gutek, A. G. Cohen and A. Tsui, "Reactions to Perceived Sex Discrimination", *Human Relations*, Vol. 49, No. 6, 1996, pp. 791-813; H. Y. Ngo, C. Tang and W. Au, "Behavioral Responses to Employment Discrimination: A Study of Hongkong Workers", *International Journal of Human Resource Management*, Vol. 13, No. 8, 2002, pp. 1206-1223.

第一章 人力资源开发及其战略研究案例

视研究的相关文献中总结离析出来。

古特克(Gutek)等在1996年的研究中用三个条目来测量组织中知觉到的性别歧视。① 这三个条目分别涉及晋升歧视、雇用歧视和永久职位获取歧视。概括哈伯费尔德(Haberfeld)关于组织雇用性别歧视模型的研究也能够发现,组织内的性别歧视包括雇用歧视、职位安排歧视和薪酬歧视这样几个方面。② 雅克布斯(Jacobs)强调职业性别隔离是性别不平等的一个方面③,山形(Yamagata)等④在对内部劳动力市场中的性别歧视进行分析时,指出职业性别隔离和玻璃天花板一直以来都是用于考察工作场所中性别不平等的最普遍的指标。李新健和赵瑞美指出劳动力市场的性别歧视主要包括职业歧视和工资歧视两种形式。⑤ 从组织角度或者内部劳动力市场角度看,职业歧视表现为职业性别隔离,工资歧视就是薪酬性别歧视。彼得森(Petersen)等认为在内部劳动力市场中存在许多种导致性别差异的性别歧视行为,具体包括工作中的薪酬歧视、雇用歧视、晋升歧视等。⑥ 概括学者的观点,可以发现组织中性别歧视贯穿于从招聘、工作安排、晋升到薪酬管理等一系列人力资源管理实践中,具体包括雇用性别歧视、职业性别隔离、晋升中的玻璃天花板、薪酬性别歧视这几个方面。在对组织人力资源开发中性别歧视研究文献进行搜索和总结后,也同样发现以往研究主要聚焦在这四个方面,并且通过以往研究,也能够初步明确其含义。

---

① B. A. Gutek, A. G. Cohen and A. Tsui, "Reactions to Perceived Sex Discrimination", *Human Relations*, Vol. 49, No. 6, 1996, pp. 791-813.

② Y. Haberfeld, "Employment Discrimination Model: An Organizational Model", *Academy of Management Journal*, Vol. 35, No. 1, 1992, pp. 161-180.

③ J. A. Jacobs, "Theoretical and Measurement Issues in the Study of Sex Segregation in the Workplace: Research Note", *European Sociological Review*, Vol. 9, No. 3, 1993, pp. 325-330.

④ H. Yamagata, K. S. Yeh, S. Stewman and H. Dodge, "Sex Segregation and Glass Ceilings: A Comparative Static Model of Women's Career Opportunities in the Federal Government Over a Quarter Century", *The American Journal of Sociology*, Vol. 103, No. 3, 1997, pp. 566-632.

⑤ 李新健、赵瑞美:《性别歧视与女性就业》,《妇女研究论丛》1999年第1期。

⑥ T. Petersen and T. Togstad, "Getting the Offer: Sex Discrimination in Hiring", *Research in Social Stratification and Mobility*, Vol. 24, No. 3, 2006, pp. 239-257.

（一）雇用性别歧视

招聘和雇用新员工是组织人力资源开发中一个极其重要的组成部分，因为它是人力资源开发的初始环节，并且其最终结果在很大程度上影响组织的人力资源配置和发展。因此，雇用性别歧视对女性人力资源的开发具有重要影响。根据贝利齐（Bellizzi）和黑斯蒂（Hasty）的观点，人力资源开发中的雇用性别歧视指雇用决策是基于与雇用要求不相关的性别特征信息而做出的。[1] 由于雇用决策涉及两个方面：一是雇用与否的决策；二是雇用了，但安排在何种岗位上的决策。前者表现出的性别歧视通常是：尽管女性具有职位资格，但由于其生理或者社会性别特征而遭到拒绝。后者表现出的性别歧视通常为：女性在同等条件下，不能被雇用到同等水平的职位上，而通常被雇用到低于自己资格水平的职位。本研究认为雇用性别歧视应该属于前者，原因是企业在人力资源开发中，应该基于规范的招聘程序进行招聘。这意味着招聘职位已经限定，当针对某一个职位进行招聘时，做出的决策是雇用与否的决策。当然，从外部劳动力市场角度看，雇用性别歧视会导致职位歧视和职业性别隔离，但从内部劳动力市场或者企业内部个体水平角度，雇用歧视直接导致人才能否获取，不会直接导致职业性别隔离。因此，对于后者应该体现在招聘后的其他人力资源管理实践，如组织内职位安排中，而组织内职位安排歧视的最直接结果是职业性别隔离。

（二）职业性别隔离

职业性别隔离一直以来都是性别歧视研究者的一个聚焦点。它主要是从歧视的角度关注为什么一些职业声望、技术要求和收入高的职业将女性排斥在外。[2] 在一个社会中，存在性别隔离的职业越

---

[1] J. A. Bellizzi and R. W. Hasty, "Does Successful work Experience Mitigate Weight and Gender-based Employment Discrimination in Face to Face Industrial Selling?", *Journal of Business & Industrial Marketing*, Vol. 15, No. 6, 2000, pp. 384-398.

[2] 王俊：《浅析职业性别隔离》，《企业技术开发》2004 年第 12 期。

第一章 人力资源开发及其战略研究案例

多,说明职业的性别差异越大,职业的性别不平等现象越严重。① 从外部劳动力市场角度,蔡禾和吴小平以及朱力等②认为,职业性别隔离是指不同性别者进入某一职业或行业的概率。当某一职业中的男女比例与社会上男女比例大致相同时,表明该职业无性别隔离状况;当一种性别在某一职业中的比例超过社会上男女就业比例并达到一定程度时,表明存在性别隔离状况。他们强调了在一个职业或者行业中的性别分布特征。但根据雅克布斯的观点,职业性别隔离不仅通过其分布特征表现出,而且还通过其过程特征表现出,因此他提出职业性别构成和个体跨越职业的"流(flow)"概念。③ 基于此,山形等在分析内部劳动力市场即组织内部的职业性别隔离时,明确提出职业性别隔离的两个维度:职业性别隔离的分布维度——性别构成(gender composition)和职业性别隔离的流维度——职业束缚(occupational captivity)。前者是指一个职业中男性和女性的百分比;后者是指一个职业的封闭程度,即在一个特定时期,不管一个职业的性别构成状况如何,个体流不能从这个职业移动到内部其他职业,或者不能从内部其他职业移动进入这个职业的程度,换言之,职业束缚是一个职业内部进入和退出的程度。④ 可见,检验组织内职业性别隔离要从性别构成和职业束缚两个维度进行。然而,王雅芬在对中国台湾地区职业性别隔离问题进行研究时强调,职业性别隔离与教育程度密切关联,它不一定完全等于职业性别歧视。⑤ 本研究也能够发现性别构成特征和职业束缚程度的直接成因有两个方面:一是性别歧视,一是职业资格欠缺。那么,职业性别隔离可以分为两个部分:

---

① 蔡禾、吴小平:《社会变迁与职业的性别不平等》,《管理世界》2002 年第 9 期。
② 朱力、王旭波、徐展:《就业机会中的性别不平等——市场转型与不平等关系的另一面》,《南京社会科学》2003 年第 11 期。
③ J. A. Jacobs, "Theoretical and Measurement Issues in the Study of Sex Segregation in the Workplace: Research Note", *European Sociological Review*, Vol. 9, No. 3, 1993, pp. 325-330.
④ H. Yamagata, K. S. Yeh, S. Stewman and H. Dodge, "Sex Segregation and Glass Ceilings: A Comparative Static Model of Women's Career Opportunities in the Federal Government Over a Quarter Century", *The American Journal of Sociology*, Vol. 103, No. 3, 1997, pp. 566-632.
⑤ 王雅芬:《台湾地区职业结构性别差异与教育程度关联性之研究》,《劳动研究》1993 年第 113 期。

一部分是基于性别歧视的职业性别隔离,另一部分是基于职业资格欠缺的职业性别隔离。本研究中的职业性别隔离是指基于性别歧视的职业性别隔离。

(三)玻璃天花板

玻璃天花板(glass ceiling)是性别歧视的一个重要指标,这个词是 1986 年被创造出来的,也是一项为期三年的研究的结果。其结论是:玻璃天花板是妇女前进的一个重要障碍;一些行为对于男性而言是可以接受的,但对于女性而言则是不可以接受的。[1] 英曼(Inman)认为玻璃天花板是阻止妇女从中层管理职位上升到高层管理职位的看不见的障碍。赖特(Wright)和巴克斯特(Baxter)提出,玻璃天花板是一种特定层级组织劣势模式,是存在于高层管理层级中的更强烈歧视,而不是多个管理层级晋升不断歧视的积聚效应,即玻璃天花板是指女性向管理层级的高层晋升比向低层会面对更多的劣势。[2] 根据鲍威尔(Powell)和巴特菲尔德(Butterfield)[3]以及科特等[4]的观点,玻璃天花板是指妇女在向组织内部高层晋升过程中所遇到的与工作条件无关的基于性别的无形障碍。可见,玻璃天花板应该是指妇女在向组织高层管理层级晋升中所面对的障碍,导致其的原因是性别歧视。就玻璃天花板的维度而言,山形等认为玻璃天花板在组织水平上有两个维度:初始职业内部的玻璃天花板和初始职业外部的玻璃天花板,即职业维度和组织维度。[5] 格鲁特(Groot)和布林克

---

[1] P. L. Inman, "Women's Career Development at the Glass Ceiling", *New Directions for Adult and Continuing Education*, No. 80, 1998, pp. 35-42.

[2] E. O. Wright and J. Baxter, "The Glass Ceiling Hypothesis: A Reply to Critics", *Gender & Society*, Vol. 14, No. 6, 2000, pp. 814-821.

[3] G. N. Powell and D. A. Butterfield, "Investigating the 'Glass Ceiling' Phenomenon: An Empirical Study of Actual Promotions to top Management", *Academy of Management Journal*, Vol. 37, No. 1, 1994, pp. 68-86.

[4] 科特等:《玻璃天花板的影响》,《国外社会科学》2002 年第 4 期。

[5] H. Yamagata, K. S. Yeh, S. Stewman and H. Dodge, "Sex Segregation and Glass Ceilings: A Comparative Static Model of Women's Career Opportunities in the Federal Government Over a Quarter Century", *The American Journal of Sociology*, Vol. 103, No. 3, 1997, pp. 566-632.

(Brink)利用二手数据进行实证研究后发现,妇女比男性更少进入拥有晋升可能的工作;然而,假如妇女进入了拥有晋升机会的工作,她们也比男性更少可能被提拔到另一个职位上;并且发现导致这一结果的原因不是男性和女性在与工作相关的个体特征上存在差异,而是他们被区别对待。① 由此可以概括,玻璃天花板应该表现在两个方面:职业内的玻璃天花板和职业外的玻璃天花板。前者指在一个职业内向高层晋升的障碍;后者指在一个组织内跨越职业向高层晋升的障碍。

(四) 薪酬性别歧视

薪酬性别歧视对女性在社会中的经济地位有着最直接的影响。以往关于薪酬性别差异的研究有很多,在1986年,凯恩(Cain)就概括了以往薪酬性别差异的研究,发现大部分研究将男性和女性间的薪酬差异分成两部分:一为合法部分,此部分差异是影响生产率的员工特征差异而导致的;二为非合法部分,这部分是基于性别歧视的薪酬差异。② 本文中的薪酬性别歧视是指基于性别歧视的薪酬差异。OFCCP将薪酬歧视定义为:对那些在工作和责任层级上的技能和资历相似的个人给予不同的对待。而薪酬性别歧视是指妇女和男性工作一样、学历一样、经验一样的情况下,因为习俗或者公司政策而获得的收入却比男性少。③ 张丹丹概括了三种薪酬性别歧视的情况:一为同工不同酬,即有同样的生产率的男性和女性劳动力,却无法获得同样的回报;二为职业及职位歧视,是指雇主有时会故意将与男性雇员具有相同教育水平和生产率潜力的女性雇员安排到低报酬的职业上或者低责任水平的工作岗位上;三为前市场歧视(pre-market discrimination),当女性劳动力的人力资本回报偏低或培训、晋升等受到

---

① W. Groot and H. M. van den Brink, "Glass Ceiling or Dead Ends: Job Promotion of Men and Women Compared", *Economics Letters*, Vol. 53, No. 2, 1996, pp. 221-226.
② G. G. Cain, "The Economic Analysis of Labor Market Discrimination: A Survey", in O. Ashenfelter and R. Layard, eds., *Handbook of Labor Economics*, Vol. I, Elsevier Science Publishers BV, 1986, pp. 693-785.
③ Alkadry and Tower, "Unequal Pay: The Role of Gender", *Public Administration Review*, Vol. 66, No. 6, 2006, pp. 888-898.

不公平待遇时,就直接降低了女性劳动力及潜在女性劳动力的预期,使其在进入劳动力市场前就减少了对人力资本的投资或降低了工作积极性,从而降低了其劳动生产率和收入。① 在这三种薪酬性别歧视情况中,第二种应该归为职业性别隔离,第三种存在于进入劳动力市场前,不在本研究分析的范畴内。因此,本文认为企业人力资源开发中的薪酬性别歧视主要表现为同工不同酬。根据米尔格罗姆(Milgrom)等的观点,同工不同酬主要表现在两个方面:一是职业内部的同工不同酬,即雇用者在给定工作职位内,给予女性的报酬比男性低;二是价值歧视,即在所要求技能和其他与工资相关的要素都相同的情况下,雇用者就那些以女性为主的工作和以男性为主的工作而给予不同的报酬。②

综上所述,可以概括并构建企业人力资源开发中性别歧视表现形式的理论模型,具体如图1。

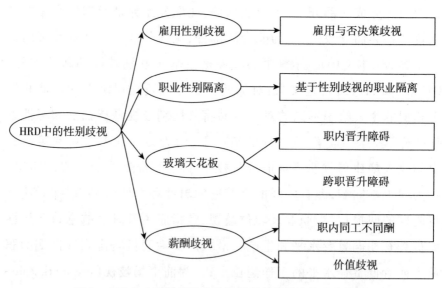

图1　企业人力资源开发中性别歧视表现形式的理论模型

---

① 张丹丹:《市场化与性别工资差异研究》,《中国人口科学》2004年第1期。
② Eva M. M. Milgrom, Trond Petersen and Vemund Snartland, "Equal Pay for Equal Work? Evidence from Sweden and a Comparison with Norway and the US", *The Scandinavian Journal of Economics*, Vol. 103, No. 4, 2001, pp. 559-583.

三、研究方法

由于以往欠缺对企业人力资源开发中性别歧视表现形式的直接研究,因此,要明确其表现形式,首先必须从企业中获取性别歧视的第一手情景性资料,然后通过这些情景性资料离析出结果。而由于与其他调查方法相比,访问法可以获得的资料更丰富,且有利于捕捉和了解新的或深一层次的信息,有利于对问题进行更深入的探索,还易于建立主客双方融洽的关系,使访问对象坦率直言,从而可以提高结果的信度和效度。① 因此,本研究运用半结构化的深度访问法获取企业人力资源开发中性别歧视表现形式的情景性资料,然后运用内容分析技术分析资料,从而离析出企业人力资源开发中性别歧视的表现形式。

(一) 访问设计

本研究主要围绕"企业人力资源开发中性别歧视的表现形式"这一问题设计了这样几个相关联的题目:"您认为企业人力资源开发过程中存在针对女性的性别歧视吗?""如果存在性别歧视,您认为具体表现在哪些方面?""如果存在性别歧视,您能否给出一些具体情景?"访问时,以上述问题为主线,先向访问对象解释企业人力资源开发的含义,然后结合具体情况,适当追问或与他们讨论。访问时间一般在 3 小时左右。在访问中,有时提供纸笔让受访者当场将他们认知的性别歧视情景写下;访问后,及时将访问内容整理成 word 文本。这样,通过围绕人力资源开发中性别歧视表现形式的深度访问,获取了翔实的第一手情景性资料,为人力资源开发中性别歧视表现形式的分析奠定了良好基础。

---

① 王重鸣:《心理学研究方法》,人民教育出版社 1998 年版;袁方主编:《社会研究方法教程》,北京大学出版社 1997 年版。

（二）访问对象

本研究针对来自 55 家企业的 60 名员工进行了访问，其中 15 名是高层管理人员或者创业者，30 名是中层管理人员，其他 15 名为一般员工或者基层管理人员。在这 55 家企业中，有 31 家民营企业，15 家国有企业，9 家外资或者合资企业；2/3 为中大型企业，其他为小型企业。在被访问的 60 名员工中，男性为 25 人，女性为 35 人；他们给出了 94 个人力资源开发中性别歧视的情景。这 94 个性别歧视情景的具体来源详见表 1。

表 1　人力资源开发中性别歧视情景的具体来源

企业性质	国有企业			民营企业			外（合）资企业		
职位	高层	中层	一般（低层）	高层	中层	一般（低层）	高层	中层	一般（低层）
情景个数	7	14	6	12	23	18	2	7	5
所占比例（%）	7.40	14.90	6.40	12.80	24.50	19.10	2.10	7.40	5.30
性别	男性		女性	男性		女性	男性		女性
情景个数	12		15	21		32	4		10
所占比例（%）	12.80		16.00	22.30		34.00	4.30		10.60

（三）访问资料分析

1. 访问资料分析方法

由于以往文献中欠缺对人力资源开发中性别歧视表现形式的直接研究，因此，本研究通过从第一手资料中离析出其表现形式，来验证基于文献的假设模型。这样，就需要对访问内容进行客观的结构化分析。一方面，内容分析技术是一种非常重要的、重新得到重视的基于定量分析的定性研究方法[1]，并且已经应用于社会科学研究中的许多领域；另一方面，内容分析技术是一种比较规范地读取文献内

---

[1] R. H. Kolbe and M. S. Burnett, "Content-analysis Research: An Examination of Applications with Directives for Improving Research Reliability and Objectivity", *Journal of Consumer Research*, Vol. 18, No. 2, 1991, pp. 243-250.

容,并将大量的文献信息有序地、量化地表达出来的方法,能够减少分析的主观性和倾向性[①]。所以,本研究采用内容分析技术分析访问内容。针对访问获取的 94 个性别歧视的情景性资料,采用定量语义内容分析方法,以情景段落为最小分析单元,进行分析。例如下面 3 个小段落就是访问获得的性别歧视的 3 个不同情景。

情景 1 在一次内部提拔中,参加竞争的是一男一女两位。女性工作非常努力,能干,八面玲珑,而男性平时只会跟别人打太极,工作一般交由下属。但日本部长还是提拔了男性做科长,尽管我们都不服气。

情景 2 某市场部女员工绩效显著,但现任总经理始终认为女性员工思想不开阔,不宜担任市场部领导,所以该员工一直为普通员工。

情景 3 我单位中有一定工作能力的女性,在生育之后,在职位晋升方面受到影响,本来可以委以重任的就可能因为这个原因而不受重用。主要基于如下考虑:因为有孩子可能会直接影响工作;因为有了孩子,母亲的思维方式发生改变,特别是在开拓性工作上,会受到一定影响。

针对上述资料,根据构建的企业人力资源开发中性别歧视表现形式的编码表,以段落为分析单元,全面捕捉相关信息,并加以详细编码。鉴于以往运用内容分析技术的研究多采用大于或等于 2 人的编码方案[②],因此,本研究采用了较常用的 2 人编码方案,由 2 名专业人员进行编码,其中人力资源管理专业副教授 1 名、人力资源管理专业硕士 1 名。

2. 编码表的构建

本研究在以往文献分析的基础上构建了企业人力资源开发中性别歧视表现形式的编码表。依据前面对企业人力资源开发的界定,可以明确企业人力资源开发涉及多个阶段,包括雇用阶段、工作安排

[①] 陈维军:《文献计量法与内容分析法的比较研究》,《情报科学》2001 年第 8 期。
[②] 马文峰:《试析内容分析法在社科情报学中的应用》,《情报科学》2000 年第 4 期。

阶段、培训阶段、薪酬管理阶段、绩效评估阶段。而根据上一部分构建的性别歧视表现形式的理论模型和研究者调研总结,本研究将企业人力资源开发中性别歧视的表现形式具体化为雇用性别歧视、职业性别隔离、玻璃天花板、薪酬性别歧视。另外,在此基础上还增加了其他1、其他2,以捕捉其他可能的表现形式。在编码表的构建中还增加了被访问者的背景信息,即企业性质(国有企业、民营企业、外资或者合资企业)、职位(高层管理、中层管理者、低层或者一般员工)和性别(男性和女性)。编码表具体如表2。

表2 企业人力资源开发中性别歧视表现形式编码表

		人力资源开发阶段					性别歧视表现形式					
		雇用阶段	工作安排	培训阶段	薪酬管理	绩效评估	雇用性别歧视	职业性别隔离	玻璃天花板	薪酬性别歧视	其他1	其他2
企业性质	国有											
	民营											
	外(合)资											
职位	高层											
	中层											
	一般											
性别	男											
	女											

正如本文所构建的人力资源开发中性别歧视表现形式理论模型所体现的,这里的雇用性别歧视是指在雇用与否决策上的性别歧视,职业性别隔离是指基于性别歧视的职业隔离,玻璃天花板包括基于职内晋升的玻璃天花板和基于跨职晋升的玻璃天花板,薪酬性别歧视包括同工不同酬和价值歧视。内容分析的过程就是分析所获取的性别歧视情景性资料是否反映了上述内容的过程。

3. 内容分析结果

(1)信度和效度验证。就内容分析的信度而言,本研究仍然采用比较常用的方法,由计算编码者的一致性程度得出。由于被访问者背景信息比较明确,因此编码者的一致性系数皆为1,不再列表陈述。人力资源开发阶段的编码者一致性系数都为1.00,性别歧视表现形式的编码者一致性系数都大于0.90,具体见表3。可见,企业人力资源开发中性别歧视表现形式的内容分析具有很好的信度。

表3 企业人力资源开发中性别歧视表现形式的信度分析结果

类别	项目	编码者一致性系数
人力资源开发阶段	雇用阶段	1.00
	工作安排阶段	1.00
	培训阶段	1.00
	薪酬管理阶段	1.00
	绩效评估阶段	1.00
性别歧视表现形式	雇用性别歧视	0.92
	职业性别隔离	0.92
	玻璃天花板	0.94
	薪酬性别歧视	1.00
	其他1(加班和锻炼机会少)	1.00
	其他2(培训机会少)	1.00

就内容分析的效度而言,本研究采用常用的内容效度检验方法。首先,本研究中,人力资源开发中性别歧视编码表的编制都严格建立在以往研究和相关概念界定之基础上,并且结合了一定的调研经验,因此具有较好的理论基础和实践基础。本研究还邀请了10位这一领域的专家和研究者对内容效度进行评价,内容效度化系数(CVR)为1。其次,编码过程严格遵守编码程序。在正式编码前进行了编码人员的培训和预编码,从而进一步提高了内容效度。因此,本研究中的内容分析具有较高的效度水平。

(2) 企业人力资源开发中性别歧视表现形式编码结果的统计分析。本研究从三个角度分析了企业人力资源开发中性别歧视的表现形式:第一个从总体角度进行统计分析,即不考虑企业背景和人力资源开发阶段等变量而总体捕捉性别歧视表现形式及其特征;第二个角度是将个体背景变量和企业背景变量纳入进行分析;第三个角度则是将人力资源开发阶段纳入分析性别歧视的表现形式及其特征。基于总体角度的企业人力资源开发中性别歧视表现形式编码结果统计如表4。

表4 基于总体角度的企业人力资源开发中性别歧视表现形式的编码结果

性别歧视表现形式	频次	占总频次比例（%）
雇用性别歧视	46	24.50
职业性别隔离	73	38.80
玻璃天花板	37	19.70
薪酬性别歧视	22	11.70
其他1（任务机会歧视）	6	3.20
其他2（培训歧视）	4	2.10

由表4可以发现，不考虑企业背景和人力资源开发阶段，总体来看，企业中基于性别歧视的职业隔离频次最高，为73，占总频次的38.8%；其次为雇用歧视，占总频次的比例为24.5%。职业性别隔离和雇用性别歧视的频次之和为119，占总频次的63.3%。然后，依次为玻璃天花板和薪酬性别歧视，占总频次比例分别为19.7%和11.7%。另外，本研究还发现，除了上述性别歧视的表现形式外，访问资料中还反映出两种表现形式，即任务机会歧视和培训机会歧视。前者体现为给定同样岗位和资格下，给女性的任务机会少；后者则表现为给定资格下，提供给女性的培训机会少。其频次都不高，占总频次的比例分别为3.2%和2.1%。

纳入个体职位变量和性别变量后的人力资源开发中性别歧视表现形式的内容分析统计结果分别见表5和表6。

表5 基于个体职位的人力资源开发中性别歧视表现形式的内容分析统计结果

	雇用歧视频次及所占比例	职业性别隔离频次及所占比例	玻璃天花板频次及所占比例	薪酬歧视频次及所占比例	任务歧视频次及所占比例	培训歧视频次及所占比例
高层	3 6.50%	18 24.70%	11 29.70%	6 27.30%	0 0	2 50%
中层	17 37.00%	37 50.70%	22 59.50%	10 45.50%	2 33.30%	2 50%

续表

	雇用歧视频次及所占比例	职业性别隔离频次及所占比例	玻璃天花板频次及所占比例	薪酬歧视频次及所占比例	任务歧视频次及所占比例	培训歧视频次及所占比例
低层	26 56.50%	18 24.70%	4 10.80%	6 27.30%	4 66.70%	0 0
高层/中层 Chi-Square 值 显著性	3.238 0.072	0.008 0.93	0.021 0.884	0.225 0.635		
中层/低层 Chi-Square 值 显著性	10.949*** 0.001	1.805 0.179	7.828** 0.005	0.037 0.847		
高层/低层 Chi-Square 值 显著性	16.802*** 0	1.478 0.224	7.112** 0.008	0.358 0.549		

注：由于任务歧视和培训歧视的编码结果显示其频次相对很低，因此在 Chi-Square 的分析中没有将其纳入，下同。

表5的频次分析结果显示，在人力资源开发中的性别歧视的四种表现形式中，高层和中层都更多地感知到职业性别隔离和玻璃天花板，其频次都很高；低层则更多地感知到雇用性别歧视和职业性别隔离，其频次分别为26和18。卡方分析结果显示，雇用性别歧视、职业性别隔离、玻璃天花板和薪酬性别歧视在高层与中层间皆不存在显著差异，其卡方值都不显著；雇用性别歧视和玻璃天花板在中层与低层间、高层与低层间都存在显著差异，其卡方值在0.001或者0.01的水平上都是显著的，而职业性别隔离和薪酬性别歧视则在其间皆不存在显著差异，其卡方值都不显著。由频次分析和卡方分析可以发现，低层职员相比于高层和中层员工明显感知到更多的雇用性别歧视，而明显感知到更少的玻璃天花板。

表6的频次分析结果显示，无论男性和女性都感知到更多的职业性别隔离，其次是雇用性别歧视，并且都相对较少地感知到薪酬性别歧视。卡方分析结果显示，人力资源开发中性别歧视的四种表现形式在男性与女性间比较的卡方值都不显著，这表明，男性与女性所感知到的雇用性别歧视、职业性别隔离、玻璃天花板和薪酬性别歧视并没有显著差异。

表6 基于性别的人力资源开发中性别歧视表现形式内容分析统计结果

	雇用歧视频次及所占比例	职业性别隔离频次及所占比例	玻璃天花板频次及所占比例	薪酬歧视频次及所占比例	任务歧视频次及所占比例	培训歧视频次及所占比例
男性	19 41.30%	35 28.70%	12 32.40%	6 27.30%	2 33.30%	2 50%
女性	27 58.70%	38 44.30%	25 67.60%	16 72.70%	4 66.70%	2 50%
Chi-Square值 显著性	0.096 0.756	3.684 0.055	0.927 0.336	1.526 0.217		

鉴于上述分析显示性别歧视四种表现形式中的雇用性别歧视和玻璃天花板在不同职位间存在差异,因此在纳入企业性质变量后的性别歧视表现形式的内容分析统计中,控制了职位特征,基于企业性质的人力资源开发中性别歧视表现形式的内容分析统计结果见表7。

表7 基于企业性质的人力资源开发中性别歧视表现形式的内容分析统计结果

		雇用歧视频次及所占比例	职业性别隔离频次及所占比例	玻璃天花板频次及所占比例	薪酬歧视频次及所占比例	任务歧视频次及所占比例	培训歧视频次及所占比例
高层	国有	1 33.30%	6 33.30%	5 45.50%	0 0	0 0	2 50%
	民营	2 66.70%	10 55.60%	4 36.40%	6 100%	0 0	2 50%
	外(合)资	0 0	2 11.10%	2 18.20%	0 0	0 0	0 0
中层	国有	6 35.30%	14 37.80%	4 18.20%	4 40.00%	0 0	0 0
	民营	9 52.90%	17 45.90%	12 54.50%	6 60.00%	2 100%	0 0
	外(合)资	2 11.80%	6 16.20%	6 27.30%	0 0	0 0	0 0
低层	国有	8 30.80%	2 11.10%	0 0	0 0	2 50%	0 0
	民营	18 69.20%	8 44.40%	2 50.00%	6 100%	2 50%	0 0
	外(合)资	0 0	8 44.40%	2 50.00%	0 0	0 0	0 0

第一章 人力资源开发及其战略研究案例

续表

		雇用歧视频次及所占比例	职业性别隔离频次及所占比例	玻璃天花板频次及所占比例	薪酬歧视频次及所占比例	任务歧视频次及所占比例	培训歧视频次及所占比例
国有/民营 Chi-Square 值 显著性	高层	0.017 0.896	0.005 0.943	1.775 0.183	4.156* 0.041		
	中层	0.037 0.847	1.216 0.270	1.430 0.232	0.023 0.880		
	低层	1.007 0.316	0.168 0.682	0.696 0.404	2.286 0.131		
民营/外（合）资 Chi-Square 值 显著性	高层	0.359 0.549	0.097 0.755	2.263 0.133	1.273 0.259		
	中层	0.200 0.655	0.158 0.691	1.437 0.231	2.029 0.154		
	低层	8.241** 0.004	11.517*** 0.001	2.057 0.152	1.917 0.166		
国有/外（合）资 Chi-Square 值 显著性	高层	0.303 0.582	0.064 0.800	0.267 0.605	— —		
	中层	0.309 0.578	0.191 0.662	4.200* 0.040	2.211 0.137		
	低层	10.476*** 0.001	8.824** 0.003	2.640 0.104	— —		

由表 7 的频次分析可知，就高层和中层而言，无论国有企业、民营企业还是外（合）资企业，在性别歧视的四种表现形式中，职业性别隔离的频次都最高；其中外（合）资企业的玻璃天花板与职业性别隔离频次同样都是最高的，分别为 2 和 6。就低层而言，国有企业和民营企业雇用性别歧视频次都是最高的，分别为 8 和 18；外（合）资企业的职业性别隔离频次是最高的，为 8。无论高层、中层和低层，除民营企业外，其所感知到的薪酬性别歧视的频次都是最低的。卡方分析结果显示，无论高层、中层还是低层，国有企业与民营企业在雇用性别歧视、职业性别隔离和玻璃天花板上都不存在显著差异，其卡方值都不显著；但就薪酬性别歧视而言，其在国有企业高层与民营企业高层间存在显著差异，其卡方值在 0.05 的水平上是显著的，结合频次分析可以发现民营企业高层比国有企业高层感知到更多的薪

酬歧视。卡方分析还显示,民营企业的高层和中层与外(合)资企业的高层和中层在性别歧视四种表现形式上都不存在显著差异,其卡方值都不显著;然而两类企业的低层人员在所感知到的雇用性别歧视和职业性别隔离上却存在显著差异,其卡方值分别在 0.01 和 0.001 的水平上是显著的,结合频次分析可以明确民营企业中的低层比外(合)资企业的低层感知到更多的雇用性别歧视,而外(合)资企业低层则比民营企业低层感知到更多的职业性别隔离(两者的频次虽然相同,但其行比例却差异较大,前者为 80%,后者为 22.2%)。最后,卡方分析显示,国有企业中层与外(合)资企业中层在所感知的玻璃天花板上存在显著差异,卡方值在 0.05 水平上是显著的,结合频次分析可以发现外(合)资企业比国有企业的中层明显感知到更多的玻璃天花板;国有企业低层与外(合)资企业低层所感知到的雇用性别歧视和职业性别隔离也存在显著差异,其卡方值分别在 0.001 和 0.01 水平上是显著的,结合频次分析可以明确国有企业低层员工明显比外(合)资企业低层员工感知到更多的雇用性别歧视,而感知到更少的职业性别隔离。

基于人力资源开发阶段的性别歧视表现形式的编码结果统计如表8。

表8 基于人力资源开发阶段的性别歧视表现形式的内容分析统计结果

	雇用歧视	职业性别隔离	玻璃天花板	薪酬歧视	任务歧视	培训歧视
	频次(与总频次比)	频次(与总频次比)	频次(与总频次比)	频次(与总频次比)	频次(与总频次比)	频次(与总频次比)
雇用阶段	43(22.9%)	7(3.7%)	0	0	0	0
工作安排	3(1.6%)	64(34.0%)	37(19.70%)	2(1.1%)	6(3.2%)	0
培训阶段	0	0	0	0	0	4(2.1%)
薪酬管理	0	0	0	20(10.6%)	0	0
绩效考核	0	2(1.1%)	0	0	0	0

由表8可以发现,雇用阶段主要容易出现雇用歧视现象,其频次为43;在工作安排阶段更容易出现职业性别隔离和玻璃天花板现

象,其频次分别为 64 和 37;在培训阶段会产生培训歧视问题,其频次为 4;在薪酬管理阶段则会出现薪酬歧视现象,频次为 20。另外,还可以发现,在工作安排阶段各种性别歧视表现形式的频次总和最高,为 112,占总频次的 59.6%,这表明在工作安排阶段最容易出现性别歧视现象;而在绩效考核阶段,各类性别歧视表现形式的频次总和仅为 2,表明这一阶段较少出现性别歧视现象。

四、讨论与结论

在本研究中,先基于以往文献建立了性别歧视表现形式的理论模型,然后通过深度访问法获取了企业性别歧视的第一手情景性资料,运用内容分析技术结构化地分析了访问资料,初步明确了企业人力资源开发中性别歧视的表现形式及其特征。

企业人力资源开发中性别歧视表现形式的分析结果显示:第一,总体来看,企业人力资源开发中性别歧视主要表现在基于性别歧视的职业隔离、雇用性别歧视、玻璃天花板和薪酬性别歧视这四个方面。其中,职业性别隔离现象和雇用性别歧视现象最为普遍。这一结论与爱泼斯坦(Epstein)的观点不谋而合,他认为相比晋升和解雇中的歧视,公司更愿意在雇用歧视上冒被起诉的风险[①]。同时朱力等的观点也从侧面进一步验证了这一结论,他们强调从总体来看,对女性隔离的职业数目远多于对男性隔离的职业数目,女性人数占优势的职业对男性的排斥度并不强,而一旦男性从业人数占优势,则倾向于严重排斥女性。[②] 第二,企业人力资源开发中的性别歧视还存在另外两种表现——任务歧视和培训歧视,即在任务安排和培训机会的提供上歧视女性。但是本研究认为任务歧视或者培训歧视应该是玻璃天花板的一种表现形式。原因是任务安排和培训机会提供上

---

① R. A. Epstein, *Forbidden Grounds: the Case Against Employment Discrimination Laws*, Cambridge, MA: Harvard University Press, 1992.
② 朱力、王旭波、徐展:《就业机会中的性别不平等——市场转型与不平等关系的另一面》,《南京社会科学》2003 年第 11 期。

的歧视将会使女性失去晋升优势,进而导致晋升障碍这一结果。换言之,玻璃天花板应该是一个过程性的现象,它不仅体现在最后的晋升中,而且体现在通往晋升的过程中。任务歧视和培训歧视是通往晋升过程中的障碍。戴利(Daily)等对玻璃天花板的界定就体现了这一观点。他们认为玻璃天花板是一种隐喻,比喻阻止妇女通往特定组织层级的障碍。[①] 这一界定强调了"通往",即强调了过程。

基于个体背景和企业背景的人力资源开发中性别歧视表现形式的分析结果表明:第一,在性别歧视的四种表现形式中,高层和中层都感知到更多的职业性别隔离和玻璃天花板,而低层职员则会感知到较多的雇用性别歧视和职业性别隔离,这说明职业性别隔离的普遍性,这也许正是职业性别隔离一直是性别歧视领域中一个研究热点的原因。同时,相对于高层和中层,低层职员往往会更多地感知到雇用性别歧视,而更少地感知到玻璃天花板。其原因也许是高层和中层经历了升迁过程,更能体味晋升中的玻璃天花板现象,而低层职员被特定组织雇用则是其曾经应对的一个挑战,因此对雇用中的性别歧视问题比较敏感。第二,雇用性别歧视、职业性别隔离、玻璃天花板和薪酬性别歧视在男性和女性间不存在显著差异。这也许表明在今天的企业中,无论男性和女性都会明显感知到性别歧视现象的存在。第三,外(合)资企业相对于国有和民营企业,其低层职员更多地感知到职业性别隔离,而更少地感知到雇用性别歧视;另外,外(合)资企业的中层比国有企业中层感知到更多的玻璃天花板现象;民营企业高层比国有企业高层更多地感知到薪酬性别歧视;其他则在不同性质企业间没有显著差异。这说明相对而言,外(合)资企业的职业性别隔离和玻璃天花板问题更为突出,而民营企业的薪酬性别歧视则最为突出。其原因也许是相对于国有企业,民营企业非常强调市场化和成本节约以及薪酬体系的自主性强,就更容易发生显性的薪酬性别歧视现象;而大多数外(合)资企业在性别歧视问题上

[①] C. M. Daily, S. T. Certo and D.R. Dalton,"A Decade of Corporate Women: Some Progress in the Boardroom, None in the Executive Suite", *Strategic Management Journal*, Vol. 20, No. 1, 1999, pp. 93-99.

都有严格的法律制约,性别歧视成本非常高,因此一般不会在雇用决策、薪酬发放等容易捕捉到证据的实践中出现歧视现象,但容易出现比较隐性的性别歧视现象,如职业性别隔离和玻璃天花板。另外,本研究关于民营企业薪酬性别歧视问题突出的结论,是对刘等[①]在2000年得出的实证研究结论的一个延伸。他们在对中国国有、集体和私营三个部门的性别薪酬差异进行对比研究后发现,私营部门比国有部门的性别薪酬差异大,并认为女性可能由于先前的各种原因(包括歧视原因)而竞争力不如男性。而本研究通过性别歧视情景资料的获取和分析,初步明确了民营企业相对于国有企业存在更为明显的薪酬性别歧视现象。

基于人力资源开发阶段的性别歧视表现形式分析结果表明:人力资源开发过程中,在工作安排阶段比较容易出现性别歧视现象,其次是雇用阶段,在绩效评估阶段则较少出现性别歧视现象。另外,在雇用阶段最容易出现雇用歧视现象;在工作安排阶段较易产生职业性别隔离和玻璃天花板问题;在薪酬管理阶段最容易产生薪酬歧视现象。这些研究结论表明在不同人力资源开发阶段中和不同人力资源实践下,性别歧视现象出现的程度以及具体表现形式都是不一样的,这就促使我们进一步思考这样一个问题:组织中人力资源管理实践在性别歧视问题的产生中到底扮演着怎样的角色?明确了这一问题,就会为减少和消除企业性别歧视奠定良好基础,也为宏观层面上减少和消除性别歧视策略的制定提供理论指导。里斯金(Reskin)就强调更多的性别歧视产生于人们正常的认知过程,但是组织安排能够激活或者抑制社会认知过程,因此,要想将工作组织中的性别歧视根除掉,就必须认识到与雇用相关的歧视起源于自动认知过程,并且由组织中的人力资源实践而产生。[②] 而目前关于性别歧视的大多数研究都将组织视为性别歧视的中立区,将组织管理实践变量置于研

[①] P. W. Liu, X. Meng and J. S. Zhang, "Sectorial Gender Wage Differentials and Discrimination in the Transitional Chinese Economy", *Journal of Population Economics*, Vol. 13, No. 2, 2000, pp. 331-352.

[②] B. F. Reskin, "The Proximate Causes of Employment Discrimination", *Contemporary Sociology*, Vol. 29, No. 2, 2000, pp. 319-328.

究模型之外。① 因此,将组织中的人力资源管理实践纳入性别歧视的分析模型中,就成为当前性别歧视研究的一个重要方向。而本研究结论恰好能够说明这一点。

总之,本研究聚焦在企业人力资源开发过程中性别歧视表现形式问题上,通过对访问获取的第一手情景性资料的分析发现,分析结果与理论构思基本一致,企业人力资源开发中性别歧视主要表现在雇用性别歧视、基于性别歧视的职业隔离、玻璃天花板和薪酬性别歧视上。此研究结论为对企业人力资源开发过程中性别歧视的更深入研究奠定了基础。同时,这一研究也是将性别歧视研究具体置于企业人力资源管理背景下的一个尝试。这一尝试仅仅是将企业人力资源管理实践变量纳入性别歧视研究模型的一个开端,还有许多有意义的问题等待研究者进一步分析和探讨。

案例来源:颜士梅、颜士之、张曼:《企业人力资源开发中性别歧视的表现形式——基于内容分析的访谈研究》,《管理世界》2008年第11期,第110—118页。(有删改)

【案例点评(二)】

本例的主要内容是企业人力资源开发中性别歧视的表现形式问题。研究的基本思路是:通过文献法对前人研究进行总结,在此基础上提出人力资源开发中性别歧视表现形式的模型,之后通过深度访问法获得情景性资料,对其分析进而验证模型。

使用的主要方法是文献法和访问法。首先是文献法,主要是通过概括前人对性别歧视的研究,将性别歧视归纳为雇用性别歧视、职业性别隔离、晋升中的玻璃天花板和薪酬性别歧视四个方面。(1)雇用性别歧视方面,归纳了贝利齐和黑斯蒂的观点,并在企业人力资源

---

① R. Ely and I. Padavic, "A Feminist Analysis of Organizational Research on Sex Differences", *Academy of Management Review*, Vol. 32, No. 4, 2007, pp. 1121-1143.

开发中选择了其观点之一,即"尽管女性具有职位资格,但由于其生理或者社会性别特征而遭到拒绝"。将雇用性别歧视的问题在企业人力资源开发的问题中具体化,暂不讨论雇用性别歧视导致职位歧视等问题。(2)职业性别隔离方面,首先总结职业性别隔离的内涵,接着用山形等的研究成果对之前的观点做了间接总结,将职业性别隔离分为性别构成和职业束缚两个维度,同时参考王雅芬的研究结果区别职业性别隔离与职业性别歧视,在本例中把职业性别隔离分为两个部分:一部分是基于性别歧视的职业性别隔离,另一部分是基于职业资格欠缺的职业性别隔离。本例探讨的职业性别隔离是仅指基于性别歧视的职业性别隔离。(3)玻璃天花板方面,采用了山形等的观点,区分为职业内的玻璃天花板和职业外的玻璃天花板两个维度,即"职内晋升障碍"和"跨职晋升障碍",并用格鲁特和布林克的实证研究做印证。(4)薪酬性别歧视方面,研究者首先采纳了张丹丹概括的三种薪酬性别歧视的情况(同工不同酬、职业及职位歧视、前市场歧视),但指出第二种应该归为职业性别隔离,第三种存在于进入劳动力市场前,不在研究分析的范畴内,将研究焦点定为同工不同酬。接着根据米尔格罗姆的观点将同工不同酬分为两个维度(职内同工不同酬、价值歧视)。至此,通过文献法构建企业人力资源开发中性别歧视表现形式的理论模型的部分基本完成。

接下来是本例的主体:对企业人力资源开发中性别歧视表现形式进行直接研究。选用访问法是因为研究要求获取第一手情景资料,由于性别歧视的隐匿性,访问法可以获得的资料更丰富,且有利于捕捉和了解新的或深一层次的信息,有利于对问题进行更深入的探索。本例采用的是半结构化深度访问法。

第一,访问设计。拟定关于企业人力资源开发过程中性别歧视的题目。在这里,"您认为企业人力资源开发过程中存在针对女性的性别歧视吗?""如果存在性别歧视,您认为具体表现在哪些方面?""如果存在性别歧视,您能否给出一些具体情景?"三个问题中,最重要的其实是第二和第三个,尤其是第三个关于"具体情景"的深入访问,通过被访问者的具体回忆得到的资料更为可信,信效度也较高,这部分资料也是其后内容分析的重点。

第二,访问对象。对企业问题的研究一方面在样本选择上要照顾到样本的代表性,本例选择了55家各类型的企业;另一方面在企业内具体访问对象的选择上,对象应当是对研究的问题接触频繁或基本了解的,否则无法达到获得资料的目的。

第三,访问资料分析。首先是对情景性材料按定量语义内容分析法,以情景段落为最小单元进行分析。这是将访问获得的材料去糟粕的过程。访问得到的一手材料可能内容冗杂、语义啰唆,这些都不利于对情景的分析。接着是编码,这是内容分析技术的关键步骤。在编码表的构建上,包括被访者的背景信息,人力资源开发中雇用阶段、工作安排、培训阶段、薪酬管理、绩效考评几个阶段,以及性别歧视的表现形式(增加了两个其他选项)。内容分析的过程就是检验所获取的情景性材料是否反映了编码表内的内容。

在内容分析的信效度上,信度由计算编码者的一致性得出,效度由专家进行评价。当变量较多或参编人员较多时,往往需要共同讨论变量的内涵以及标准,并进行试编码,当编码一致性较高时才开始正式编码。

研究的结果显示,不考虑企业背景和人力资源开发阶段,基于性别歧视的职业隔离频次最高,此后依次是雇用歧视、玻璃天花板、薪酬性别歧视,以及额外反映出的任务机会歧视和培训机会歧视。这一部分是通过简单频次的描述统计得出的。纳入个人职位变量和性别变量后,研究者将这两个变量分别与歧视的表现做了卡方分析,探究是否存在显著性。从而发现"低层职员相比于高层和中层员工明显感知到更多的雇用性别歧视,而明显感知到更少的玻璃天花板",以及"男性与女性所感知到的雇用性别歧视、职业性别隔离、玻璃天花板和薪酬性别歧视并没有显著差异"。由卡方分析得出的是否有显著差异比单纯的描述统计在这里更有价值。此后,又进一步讨论了企业不同性质、人力资源开发不同阶段歧视的表现。发现不同性质的企业、不同层级的员工,感知到的歧视不同;企业在不同人力资

第一章　人力资源开发及其战略研究案例

源开发阶段的突出歧视表现也不同,如雇用阶段主要容易出现雇用歧视,工作安排阶段更容易出现职业性别隔离和玻璃天花板现象,工作安排阶段性别歧视总体出现最多等。最后根据结论给出了在企业管理尤其是人力资源开发中性别歧视研究和实践的建议。

总体而言,本例思路清晰,方法较为得当,在文献法的使用中能够对文献已有的观点进行扬弃,文献整理有目的性,完全为本研究内的范畴服务,并没有铺开,反而相当聚焦。尤其是访问法的运用,展示了通过深度访问、内容分析法进行研究的过程。但在研究中也不可避免地存在一些问题。

文献法方面,没有注意到文献的时序性问题。某位学者的结论是在另一位学者之前还是之后提出的,在撰写顺序上应当有所体现,尤其是当观点有出入甚至相左时。例如用1998年、2000年的观点解释何为"玻璃天花板",却用1996年、1997年得出的玻璃天花板维度,这就需要解释得出维度时对该变量的定义是否与前文提出的如出一辙,有何差异。另外,使用前人文献综述的成果固然可以节约研究者的精力,但是对于关键的观点还是阅读第一手文献为佳。

访问法方面,对于情景性问题的访问可以更结构化一些,如引导被访者回答出当时的情形(企业发展的阶段)、环节、行动、结果等,这样对于后期的资料整理更为方便。再者,通过文献构建的企业人力资源开发中性别歧视表现形式的理论模型中玻璃天花板、薪酬歧视有两个子维度,但在编码中子维度仅作为内容标准之一,统一归入母维度中。如果在编码中可以体现子维度,可能会得到更丰富的成果。最后,在访问的问题设置中有"如果存在性别歧视,您能否给出一些具体情景?"这样一个问题,并未指出是否发生在受访者自己身上(从本例的访问获得情景举例可知,受访者提到了他人的事例),在结果分析上根据受访者的职位得出不同级别员工感知到的歧视水平的结论,尤其是这里的感知是指"自我感知"还是"发现",从本例结论的阐述来看似乎倾向于前者,这是值得商榷的。

【案例思考(二)】

    1. 本研究是如何从文献中总结构建出企业人力资源开发中性别歧视表现形式模型的？

    2. 为什么职业性别隔离的文献提出了两个维度，但本例中只选择了一个？

    3. 访问法通常在什么情况下使用？在运用中有哪些步骤？

    4. 访问法应该注意哪些问题？本例是如何设计访问问题的？是如何选择访问对象的？如何改进？

    5. 如何用内容分析法分析情景性资料？本例中职业性别歧视编码表是如何编制出的？

    6. 本例中人力资源开发中性别歧视表现形式的模型完整吗？还可以怎样进一步研究？

第二章

工作分析研究案例

📎 本章学习目标提示

- 了解工作分析的相关工具
- 了解文献法获得数据资料的要点
- 掌握评价工作分析工具效能的方法
- 掌握改造传统问卷的基本方法

【案例呈现(一)】

工作分析的工具及其选择策略

一、引言

"工作及其在社会中的作用"近年来已成为人们热衷讨论的主题。这是因为无论是从工作在人的一生中所"占用"的时间比例来看,还是从工作对人生活各个方面的影响力来看,它都居于主导地位。由于工作的性质正在不断地发生渐进性演变,因此,为适应工作的变迁,人类社会也在劳动力的构成、技术、市场、组织结构和雇用实践等方面进行着相应的调整①。

面对不断演变的工作,如何进行科学的工作分析就成为人力资源管理与开发首先要解决的关键问题。同时,只有真正弄清楚人们究竟是如何工作的,才能更好地描述和追踪工作性质和特点的变迁。鉴于此,深入探讨工作分析(或任务分析)的效能以及对应选择策略具有重要的意义。

二、工作分析工具的类型

关于工作分析工具的分类,目前主要存在两种观点:一种是哈维(Harvey)和威尔逊(Wilson)提出的四象限分类法②,该法以"描述项目的属性"为纵坐标,以"评价量尺的属性"为横坐标,将工作分析工具分为四类。另一种是汉瑟(Hanser)提出的三分法③,他认为工作分析工具可以分为三种类型:一是工作定向工具,这类工具侧重于分析工作所涉及的技术,主要针对工作本身的要素进行分析和评价;二是工作者定向工具,这类工具主要侧重于描述如何完成该工作,强调对工作者的工作行为做出概括;三是认知任务分析工具,这类工具侧重于分析与任务绩效有关的认知成分。以下按第二种分类方法对工作分析工具进行一些说明。

(一)工作定向工具

作为一种传统的工作分析方法,工作定向的任务分析是收集完成某项特定工作所需要的不同任务的特定信息的系统活动。它依赖于能明确地阐明工作任务每一步顺序的员工和主管以及那些能以员

---

① H. S. Farber, "Are Lifetime Jobs Disappearing? Job Duration in the United States: 1973-1993", NBER Working Paper No. 5014, 1995.
② Robert J. Harvey and Mark A. Wilson, "Yes Virginia, There Is an Objective Reality in Job Analysis", *Journal of Organizational Behavior*, Vol. 21, No. 7, 2000, pp. 829-854.
③ L. M. Hanser, "Traditional and Cognitive Job Analyses as Tools for Understanding the Skills Gap", prepared for the National Center for Research in Vocational Education and the University of California, Berkeley, 1995.

工和主管所理解的方式描述行为的审核员。常用的工具有任务清单分析(Task Inventory Analysis, TIA)、职能性工作分析量表(Functional Job Analysis, FJA)、管理职位描述问卷(Management Position Description Questionnaire, MPDQ)、职业分析调查(Occupational Analysis Inventory, OAI)和HAY计划。

任务清单分析(TIA)得到的是一个指出了各项任务的重要性、频率及与职务相关性的任务列表(或清单目录)。它最适宜用于多人从事相同或相近的工作的情况,亦可用于确定工作者的培训需要,但是可应用的范围比较有限,而且易出现评分者偏差等情形。

职能性工作分析量表(FJA)是20世纪40年代美国雇用服务工作分析员在对《职业名典》(*Dictionary of Occupational Titles*)的工作进行分类时开始使用的一个工具。最新版的职能性工作分析量表使用7个量表来描述工作者在工作中所做的事情,具体包括物、数据、人、工作者指示、推理、数学和语言。每个量表都采用有具体行为描述和任务说明的锚点。

管理职位描述问卷(MPDQ)是托诺和平托1976年针对管理工作的特殊性而专门设计的一种由197个项目组成的调查表。它涉及管理者的工作职责、对他们的要求和限制以及所需的不同特性等各个方面。使用管理职位描述问卷进行工作分析时,首先要求管理者按照0—4五个等级评定每个项目所描述的工作活动对管理者职位的重要程度,然后写下其认为在某一因素中尚未被纳入的工作活动作为补充。管理职位描述问卷对评价管理工作、决定该职位的培训需求、工作分类、薪酬评定、制定选择程序和绩效评估方案等人事活动都具有重要的意义[①]。

职业分析调查(OAI)由分属所接收的信息、心理活动、工作行为、工作目标和工作情境5个范畴共602个元素组成。常用于估计工作对人员的能力要求,用它来确定和评价培训需要也十分有效。职业分析调查也兼顾了人员定向方法的某些特色。

[①] 苏永华、聂莎、彭平根编著:《人事心理学》,东北财经大学出版社2000年版。

HAY 计划采取面谈的方法获取如下五方面信息：工作的目标、工作的维度、职务的性质、所辖范围以及对工作目标所负有的责任等。其中，职务的性质和所辖范围是 HAY 计划工作描述的核心。由于 HAY 计划收集的信息主要来源于面谈，因此这一计划成功与否取决于工作分析人员的面谈技巧。

（二）工作者定向工具

工作者定向分析的经典工具主要有职位分析问卷（Position Analysis Questionnaire, PAQ）、职位描述问卷（Position Description Questionnaire, PDQ）、工作元素调查（Job Element Inventory, JEI）、关键事件技术（Critical Incident Technique, CIT）和阈限特质分析（Threshold Trait Analysis, TTA）。新近的成果则是哈维（Harvey）开发的通用工作分析问卷（Common Metric Questionnaire, CMQ）①。

职位分析问卷（PAQ）由 194 个项目或工作元素所组成，这 194 个项目或工作元素又分属信息输入、心理过程、工作输出、人际关系和工作环境五个工作要素范畴。每一个分属于以上五个范畴的项目或工作元素，都将用一个评定量表对它进行评定。职位分析问卷一共有六个评定量表，每个量表根据程度不同分成若干个等级。这六个量表分别是：使用程度（U）、重要性（I）、耗用时间（T）、发生可能性（P）、适用性（A）和特殊记分（S）。运用这五个范畴和六个评定量表，基本上就可以在沟通和决策、技能工作操作、体力劳动和环境条件、使用的工具设备以及信息加工过程这五个方面决定一个工作的性质，并在此基础上对工作进行比较和分类，从而成为制定工作描述和工作要求的指导。

职位描述问卷（PDQ）是由控制数据公司以 PAQ 为模式开发的一种人员定向的工作分析方法，但它针对的是该公司的具体要求而

---

① R. J. Harvey, "The Common-Metric Questionnaire: Applications and Current Research", in S. Fine (Chair), *Multipurpose Job Analysis: New Approaches Supporting Integrated Human Resource Management*, symposium presented at the annual conference of the Society for Industrial and Organizational Psychology, San Francisco, 1993.

为其度身定做的,因此适用性不强。

工作元素调查(JEI)同样是以 PAQ 为模式发展起来的,它包括 153 个与工作成功有关的工作元素,由任职者在一个三点量表上评定每一个元素。这种方法最大的优点就是使用简单,并且由于只请任职者完成而不是由专业人员进行,因此可以大幅节省费用。除此以外,数字化的评定结果还有利于计算机存储信息和对数据进行分析。

关键事件技术(CIT)是由约翰·弗拉纳根(John Flanagan)及其匹兹堡大学的学生在 20 世纪 40 年代晚期至 50 年代初期研制的。该法集中于描述工作行为,既保证了可观察性和可测量性,又使岗位分析结果同时包含工作的静态维度和动态特征。但收集有关工作关键事件并进行描述和归类非常耗时,并且难以体现平均绩效的工作行为(此缺点已为扩展的 CIT 技术所克服),故而比较适于进行胜任特征分析和诊断。

阈限特质分析(TTA)是由洛佩兹(Lopez)、凯塞尔曼(Kesselman)等于 1981 年研制的一种工作者定向方法。它由 33 个项目组成,从体力的、心理的、习得的、动机的和社会的五个特征维度测量某项工作成功所需要的特质。TTA 最大的特点是简短、可靠,能正确确定重要的特质,主要被用于员工的选拔或职业生涯规划。

通用工作分析问卷(CMQ)则是哈维在充分注意到了工作者定向的工作分析工具存在诸多不足后所开发的一个通用工作分析系统,该系统在问卷项目抽象水平的处理和量尺的设计上做出了诸多改进。CMQ 由背景、与人的接触、决策、体力和机械活动以及工作情境五个部分的调查组成。背景部分询问的是 41 个与工作要求有关的一般问题,如出差、任职资格等。与人的接触部分则围绕监督水平、内部接触和外部接触程度、会议要求等设计了 62 个问题。决策部分围绕相关的职业知识和技能、语言和感觉要求、管理和经营决策等设计了 80 个问题。体力和机械活动部分包含 53 个有关的体力活动、机器、设备和工具等方面的问题。工作情境部分则针对环境条件和其他工作特征设计了 47 个问题。目前,CMQ 已经通过了美国劳工部所编的《职业名典》中 900 多个职业 4552 个职位的现场验证,具有较高信度。

总的来看,上述工作者定向分析工具实际上有两个最基本的特点:一是它们都采用由抽象水平较高的共同项目构成的通用标准化工具;二是它们都包括一个能在所有工作中保持恒定意义的评价量尺。麦考密克(McCormick)认为这两个基本特点会有利于达到以下两个目的:(1)通过测量工具的标准化可以显著降低成本;(2)在包含不同任务的工作之间进行有意义的和量化的比较。然而,遗憾的是,由于不少工作者定向分析工具在描述一般工作行为的通用项目设计以及评价量尺方面存在不少局限,因而严重影响上述两大目的的实现。

(三)认知任务分析工具

汉瑟在1995年提出,认知任务分析试图确定工作者在完成任务时的思维活动历程以及在不同水平上(例如初学和熟练阶段)完成任务所需要的知识。[①] 认知任务分析是一项在问题解决情境中收集工作者行为信息的活动,它强调日常知识的互动以及影响问题解决的社会限制因素。例如,FIPM是一种分析工作的事实、形象、程序和机制的认知任务分析方法。它能区分不同工作所需要的不同知识,包括通过正式和非正式途径的信息交换所得到的知识。

值得指出的是,由于单一类型的工具往往满足不了实际的需要,因此融合的趋势在工作分析中已表现得越来越明显。一种主张是在工作分析时至少使用一种工作定向的工作分析工具(或方法)和一种工作者定向的工作分析工具(或方法),另一种主张是在同一个工作分析调查中同时融入工作定向元素和工作者定向元素。DACUM(Developing A Curriculum)和V-TECS(Vocational-Technical Education Consortium of States)就是这种融合趋势的最好例证。DACUM采取"七步走"的办法来确定工作剖面图,即通过依次确定步骤、绩效标

---

① L. M. Hanser,"Traditional and Cognitive Job Analyses as Tools for Understanding the Skills Gap", prepared for the National Center for Research in Vocational Education and the University of California, Berkeley, 1995.

准、有关的知识与技能、使用的工具设备、工作者的行为与态度、安全性,以及任务绩效中所涉及的决策、未来的职业趋势与关注焦点,来为分析某个特定的任务提供框架模式。V-TECS 与 DACUM 比较类似,通过 V-TECS,分析者可得到一个包括任务清单、绩效目标、绩效标准、完成工作任务的步骤顺序、有关的学术技能以及可能的目标等的产品。

三、工作分析工具的效能评价

由于工作分析工具的结果可用于人力资源规划、招聘选拔、绩效评估、培训发展、薪资福利和职业生涯设计等人事活动中,因此判别各种工具的绝对和相对效能就成为研究者的重要课题。

表 1 是对上述某些工具在实践中可用性的一个总结。"1"表示可用性程度最低,"5"表示可用性程度最高。关于工作分析工具的实用性,阿什(Ash)和莱文(Levin)等人先后于 1980 年、1981 年和 1983 年让 93 名经验丰富的工作分析专家从多用途性、标准化、可接受性、可理解性、所需的培训、立即可用性、耗费时间、信度和效度以及成本等八个方面对 FJA、MPDQ、HAY、OAI、PAQ、PDQ、JEI、CIT 等方法分别进行 5 级评价,其评价结果如表 2 所示。

表 1 工作分析工具可用性评价

	HR 规划	招聘选拔	绩效评估	培调发展	薪资评定	职业生涯设计
工作定向方法						
FJA	4	4	3	4	3	5
MPDQ	4	4	3	3	3	4
HAY	3	4	4	3	5	3
OAI	4	4	3	5	3	4
工作者定向方法						
PAQ	4	4	3	3	3	4
PDQ	4	4	3	3	3	4
JEI	4	4	4	4	4	4
CIT	4	4	4	4	3	2

表 2　工作分析方法实用性评价

	FJA	MPDQ	HAY	OAI	PAQ	PDQ	JEI	CIT
多用途性	5	4	4	4	4	3	4	5
标准化	5	5	5	5	5	5	5	3
可接受性	4	4	4	4	4	4	5	4
可理解性	4	4	5	4	4	4	5	5
所需培训	3	3	3	3	3	4	4	4
立即可用性	5	5	5	4	5	4	4	3
耗费时间	4	4	4	3	3	3	4	3
信度和效度	4	4	4	4	3	3	3	3
成本	4	4	4	3	3	2	3	3

四、选择工作分析工具的策略

（一）考虑信息的最终用途

工作定向的工作分析不仅包含了工作者实际所做的细节，而且还包含了工作者必须将工作做到什么程度的信息。这是最为传统的一种任务分析形式，目前它已被广泛用于各种培训课程中。

工作者定向的工作分析则最适于确定与工作有关的活动类型，如判断、人际关系等，而不是工作者实际所做的细节。最为人所熟知的 PAQ 用 187 个工作者定向的工作要素来刻画对人类行为的要求。它揭示了任务绩效中通常为任务调查分析所忽略的人际关系。

认知任务分析强调工作者完成任务所需要的认知技能，包括当前组织扁平化，工作团队和参与管理所特别要求的推理、诊断、判断和决策技能。

综上所述，工作定向的工作分析工具、工作者定向的工作分析工具以及认知任务分析工具各有所长，因此，工具的选择一定要与目的相结合。

（二）考虑选定方法的成本效益

传统的工作分析方法不仅价格不菲,而且费时累人,需要受过专门训练的分析员付出艰辛的努力才能完成。新近发展的 DACUM 与任务列表分析相比,在成本上就要划算得多。尽管它也要求管理方代表的积极参与,但它耗时少,费用低,不需要过多的人事培训。至于认知任务分析的成本和价值,尚需进一步大范围应用后才能确定。但有学者提出,认知任务分析与传统的任务分析相比需要更多的时间,数据分析也更为复杂。而且,它所采用的数据收集、提取和报告方法有出错或出现偏差的可能。简言之,在选择一种分析方法时,必须明确以下几个方面的要求:(1)究竟需要花费多少时间;(2)如何获得熟练的有关问题专家;(3)如何证实专家的判断;(4)需要进行什么样的人事培训;(5)活动所需的总成本。

（三）确保信息的可接受性和可靠性

上面所提到的工作者定向工作分析和工作定向的工作分析策略都已被用户证实是可靠的工作分析形式。认知任务分析尚有待进一步检验。

（四）定期回顾和适时更新

工作及其特征并不是永恒不变的,随着科学技术的发展、社会经济环境的变化以及组织结构的改变,工作所包含的任务、流程、所采用的技术以及对知识和技术的需求也会改变。工作分析必须反映出现实的种种变化。然而,当前的工作分析方法获取的信息基本上都是静态的,因此,为了消除这一矛盾就必须进行定期回顾并适时重新进行工作分析。

（五）扬长避短、综合应用

对工作分析工具的上述区分是人为的,实践中必须清醒意识到的是:事实上,三类工具之间的差别通常是比较模糊的。由于工作的性质在不断地变化,对工作者的知识技能提出了更广更高的要求,因此,未来工作分析的发展趋势是以多种方法的有机结合来取代功能单一的任务分析。

五、结语

由于工作分析既是人员招聘与选拔的基础,又是绩效考评的基础,因此,从科学和完美的角度出发对工作分析工具的效能及选择策略进行理性分析是不可或缺的。但从实际的角度看,无论是对研究人力资源管理的学者而言,还是对人力资源管理的一线实践者而言,在进行工作分析时,最重要的是牢记:实事求是,量入为出。

案例来源:杨杰、方俐洛、凌文辁、李耀章、苏家文:《工作分析的工具及其选择策略》,《应用心理学》2001年第3期,第51—56页。(有删改)

【案例点评(一)】

本例以工作性质变迁为背景,通过文献法总结了工作分析诸多工具的特点和效能,并进行了深入比较,就工作分析工具的选择问题提出了建议,是对工作分析及其工具较为全面的介绍与归纳。

研究者首先对工作分析的工具进行了类别归纳。在实践中,工作分析的工具有很多,工作分析工具文献的梳理往往显得庞杂。在对具体工具进行分析前,首先将对象按照一定的标准分类往往有利于对对象整体有逻辑的把握。这里总结了当前的两种主要观点:一种是以"描述项目的属性"为纵坐标,以"评价量尺的属性"为横坐标,将工作分析工具分为四类;另一种是将工作分析工具分为工作定向工具、工作者定向工具、认知任务分析工具三类。之后按照第二种分类方法对各类工作分析工具进行了介绍。工作定向的工作分析是收集完成某项特定工作所需要的不同任务的特定信息的系统活动,它包括任务清单分析、职能性工作分析量表、管理职位描述问卷、职业分析调查和 HAY 计划；工作者定向的工作分析的经典工具主要有职位分析问卷、职位描述问卷、工作元素调查、关键事件技术和阈限特质分析、通用工作分析问卷；认知任务分析是一项在问题解决情境中收集工作者行为信息的活动，它强调日常知识的互动以及影响问题解决的社会限制因素，工具包括 FIPM、DACUM、V-TECS 等。在对工作分析工具进行总结时，分别阐释了各工具的内容、优缺点和适用范围。

各工具尽管各有所长，在实践中往往需要涉及其绝对和相对效能。本例中总结了前人对此的研究，评价以对工具的评分来体现。在可用性方面，在人力资源管理的不同模块，工作分析工具的可用性亦不相同。在实际的操作中，可以根据具体的用途选择可用性较高的工具。在实用性方面总结了阿什和莱文等人的成果，分别从多用途性、标准化、可接受性、可理解性、所需的培训、立即可用性、耗费时间、信度和效度以及成本等八个方面对工作分析工具进行了评价。

最后，综合对工作分析工具的个体分析以及各个工具间可用性和实用性的比较，提出了选择工作分析工具的策略。例如要考虑信息的最终用途，不同工具的侧重点不同，获得数据、信息的广度和深度也不同，工具的选择要与目的相结合。此外还要考虑方法的成本收益，明确花费的时间、所需资源的获得、结果的证实、总成本等。在信息的可接受性和可靠性方面，除了认知任务分析由于发展时间较短还需进一步检验，另外两种经过长期实践都被证明是可靠的。由于工作在不断变化，工作分析也要适时回顾和更新。最后由于每种工具各有优劣，实践中工具的分类也往往是模糊的，通常可以综合使用。

本例综合介绍和评价了各类工作分析工具，将工作分析工具的研究文献做了细致和有条理的整合，并在此基础上进一步思考选择工作分析工具的策略。不过，在对工作分析工具做出评价时，评价的结果固然重要，评价的标准、口径则是判断评价结果、解读评价结果的重要依据。本例可以对前人评价的标准加以说明，这样可以更具参考性。此外,对于工具的可用性和实用性,本例只是对已有研究的一些工具的评价结果进行了罗列,并没有总结对大多数工具的全面评价,这也可以作为今后工作分析工具研究的内容之一。

【案例思考(一)】

1. 工作分析有哪些常用工具?在整理各类工具的文献资料时如何理出思路?
2. 工作分析的工具可以分为哪些类?有何特点?
3. 本例中是如何评价工作分析工具的效能的?工具的可用性、实用性分别是如何评价的?
4. 选择工作分析的工具有哪些策略?
5. 你认为工作分析工具的发展趋势是什么?认知任务分析工具该如何完善?
6. 如果采用本例的第一种角度将工作分析工具分为四类,你将如何归类?

【案例呈现（二）】

职务分析问卷（PAQ）的知识化改造

一、知识工作量化问题的提出

管理学大师德鲁克指出：21世纪管理将要面对的巨大挑战之一，就是如何提高知识工作和知识员工的生产率。[①] 在第五代管理浪潮冲击下，人这一能动因素正日益受到重视，同时知识的增值作用已成必然。两者结合，就使得对知识工作进行研究，从而促进知识员工生产率提高的问题愈发显得意义重大。

知识型员工简单地说，就是指他们的智慧所创造的价值要高于其动手所创造的价值。他们通过自己的创意、分析、判断、综合创造附加价值。因此，知识员工与传统体力工作员工并非泾渭分明、互相排斥的。体力工作也需要知识，知识工作也必然涉及体力活动。从此意义上说，所谓知识员工和非知识员工，只不过是其工作中包含的知识在量上的不同而已。

但就是这种量上的区别，却导致了对知识工作与非知识工作、知识员工和非知识员工管理问题上的本质区别，又导致了研究方式上的截然不同。以往那种将员工看作企业成本载体的看法，必须彻底得到扭转。除此之外，德鲁克认为，知识工作的衡量还应从明确任务、自主性、创新性、持续学习、同等重视质和量等五个方面着手[②]，而这五项与过去应对非知识工作问题时的方法正好相反。

知识工作与非知识工作的研究相比，存在着诸如输入和输出难以明确定义、工作过程的不可观测性和非实时监控性、知识员工的巨大的个体差异以及成果的群体性和非直接外显性、工作业绩评价体

[①] 杜拉克（德鲁克）：《21世纪的管理挑战》，刘毓玲译，生活·读书·新知三联书店2000年版。
[②] 同上。

系难以建立等难点问题。

任何知识工作的研究,都必须解决以上问题。这些问题直接导致的,就是迄今为止岗位知识的衡量工作虽然已取得了一些成果,但是,总体上还停留在定性研究的阶段,尚未进入量化分析和实证研究的阶段。各种资料文献提出的结构模型和理论框架缺少实际数据的支撑,因而显得单薄。知识工作研究的重要意义同目前研究手段相对落后的巨大反差,使得寻求一种量化分析方法的任务,变得越发紧迫。

二、传统 PAQ 问卷无法反映知识含量

欲对知识工作进行量化指标分析研究,可以借鉴对体力工作者生产率的研究这一历经百年、比较成熟的领域的经验,从工作分析的定量方法着手。问卷法是社会学研究的常用方法,也是大规模调查和数量化分析的必要工具。在工作分析领域里,PAQ 是目前最流行的职务分析系统,也是一种数量化的有效工具。

职务分析问卷(Position Analysis Questionnaire, PAQ,亦称"职位分析问卷")由美国普渡大学的麦考密克(E. J. McCormick)提出,是一种结构严密的工作分析问卷。有 194 个项目,其中 187 个可用来分析完成工作过程中员工的活动特征,称为工作元素。所有工作元素可分为工作信息来源与方式(怎样得到岗位所需信息)、工作中的脑力活动(推理、计划、决策等)、工作工具及操作(体力活动及所使用的设备工具)、与其他人员的关系(信息交流、人际关系、管理和相互协调等)、工作环境(工作条件、环境)、工作的其他特点(工作时间特点、报酬方法、上岗要求、具体职责等)六部分。将岗位按工作元素进行分析,按照 PAQ 给出的计分标准,可确定职务在各要素上的得分。

阿维·伯格勒等人的研究结果表明,PAQ 有较高的项目信度,平均为 0.8,总的信度为 0.79,可靠性较好。同时,PAQ 问卷的职位取向为联系和讨论不同职务的分析结果的间接效度和合成效度奠定了基础。综合其优良性能,并与其他工作分析方法相比较后,决定将

PAQ 问卷作为问卷改造的蓝本。

但是,传统的 PAQ 问卷只对体力劳动性质的岗位适用性高,对管理、技术、专业性质的职务,适用性要相对差一些。而这些职务恰恰是知识工作所要研究的对象。另外,PAQ 的可读性差,具备大学水平以上者才能够理解其各个项目。所以,必须对 PAQ 问卷做出适当的改造,使其体现出知识工作的特征。

三、"企业员工生产率调查问卷"的形成

2002 年底,课题组组织了多次专家、管理人员和技术人员、在读研究生、MBA 学员等人员参与的讨论,最终定出了 PAQ 问卷的初步改造方案。对于 PAQ 问卷的改造,主要从两个方面进行。

(一) 在工作元素上"延"

PAQ 问卷由 194 个项目,即工作元素构成,采用 5 点量表形式打分制。改进后的问卷保留原有的结构,工作元素仍分为六大部分,但是在工作的投入要素、工作积极性、工作成果的产出方面,补充了 196 至 203 道题,归入"与其他人员的关系"部分。这些工作元素的增加,主要是为了探索知识工作者和非知识工作者在工作激励和个人感受方面的异同点。另外,每份问卷要求被试者填写岗位名称、岗位内容、岗位目标等主观性项目。

(二) 在各个元素所考察的指标维度上"拓"

PAQ 问卷中,针对每一工作元素,通常只考察一个指标。并且指标种类偏少,只涉及频率、重要性以及强度等。对于普通体力工作而言,由于较多关注员工群体的共性和体力的外在表现,较少关注员工本身的特长和内在脑力劳动的差异性,加之工作的重复性高,这几个指标应说是够了。对于知识工作而言,指标的数量质量显然不能够满足要求,必须增加考察的维度,即指标的数量,用以表达知识含量的特点。

当前在知识工作方面,有许多研究已经提出了一些理论的模型和指标设想。除了德鲁克指出五项特征外,大致还可将问题所牵涉的考察项归结为个人职业经历、教育程度、培训成本、个人绩效等级、产出量、工作持久和稳定性、效率、知识的应用、决策复杂性、时间长度、重复性、工作技能要求、结构化等。(1)考虑到 PAQ 问卷是工作导向性而非个人导向性,因此排除了一些纯粹与个人有关的指标,如绩效等级;(2)考虑到 PAQ 问卷只不过是考察某一类工作在一个特定时间点的"快照"(Snapshot),而不要求表现出其时序性质和演变规律,因此排除了一些需经一段时间考察才能确定的指标,如岗位和个人的职业经历;(3)一些指标,如知识应用、做决策、工作技能要求等,在工作元素中已有体现,因此不将其按指标对待;(4)另外,将那些难以衡量,只能在整体和宏观上得到体现,而无法针对每一元素进行打分的项目予以排除或改为主观填空的形式,如效率、工作的稳定性、工作成果的产出质量。

改进后的问卷针对不同类型的工作元素,添加了更全面的考核指标,工作元素的测量同样采用 5 点量表形式打分。改进后的指标包括:(1)频率、重要性。指该元素在工作中发生的次数和周期,在一定程度上也表示对本工作岗位的重要程度。这个指标可以判断出不同知识含量的工作在不同元素上的频率分布情况。(2)程序性、创新性、自主性、结构化程度。考察是按规定的工作程序或借鉴先例进行,还是更多地要靠自主决定,自己创新。一般说,知识含量较低的工作所包含的工作元素结构化程度较高,自主范围较小。(3)重复性。指该元素在岗位中的内容而非时间的重复或变化的程度。经常重复的工作创新性必然较低。(4)教育、经验、培训。这几项指标明显有较强的知识含量区分度。教育指标按照岗位的基本学历要求,经验和培训按照所需的年数长短,进行分级打分。(5)复杂性。指工作元素本身或其步骤、数量和内容的复杂程度。(6)比例。该工作元素占整个工作过程的大致比例,也可用于衡量重要程度。(7)时间长度。指完成一项工作活动所需要的时间长度。

对 PAQ 问卷进行了上述延拓之后,最终形成了"企业员工生产率调查问卷"。此问卷既保留了 PAQ 的原汁原味，又充分体现出了知识工作的特征。无论是对体力工作还是脑力工作，都具有良好的性能，便于数据采集和统计分析。

四、问卷试调查的经过

问卷编制完成后，对东华大学管理学院、航天机电有限公司、华东空管局气象中心、上海扎努西制造有限公司四家不同性质的单位的 75 个岗位进行了试调研和数据分析，以衡量问卷的可行性。对于每家单位，都选择不同类型、层次的代表岗位作为测试样本。其中既包含一些公认的高知识管理、技术岗位，也有传统体力型工作，比例力求适当。

调研人员全部由在读研究生担任，与被访者一对一进行问答。由于每份问卷 730 多个空的大题量，因而允许被试者中途休息。问卷回收率和有效率均为 100%。

数据分析充分考虑岗位的具体形态差异，对涉及的元素知识含量、知识应用、技能、结构化程度、重复性、复杂性、时间长度、自主性等指标值进行计算。随后，将所有岗位按指标值进行聚类分析，导出了岗位的综合知识含量指标，由高到低分为五等。如，大学教授、高级工程师等典型的知识型岗位等级被归为 5，缝纫工、操作工等这类典型的体力工作岗位归为 1，其他岗位定为 2、3、4 不等。经信度检验，由数据聚类得出的结果与专家评议和经验结果之间信度为 Alpha=0.7592，说明问卷的设计和调查基本可信。

五、结论及需改进之处

通过研究得出：可以从工作分析着手，通过研究不同知识含量岗位的具体特征，以作为研究其他问题的基石。有 PAQ 问卷的信度作为保障，由其改编而成的"企业员工生产率调查问卷"所采集的各岗位数据是可信的。

PAQ问卷的改造可以根据文献和现有理论,从增加工作元素个数和增加每个元素的考核指标来进行。通过数据实证,用聚类指标值的方法判断各岗位的知识含量与根据经验判断所得大致相符,这也证明了问卷改编访问的有效性。

当然,由于知识工作的量化研究才刚起步,更有资料稀缺的困难,本文的方法还存在不足。首先,工作元素及其涉及的指标面临着继续完善精炼的问题;其次,对现实中的数千种岗位而言,问卷无论是所覆盖的岗位类别数,还是每一种岗位中所取的样本量,都有挂一漏万之嫌。在今后的调查中,这两点是改进的方向。

案例来源:戴昌钧、傅磊:《职务分析问卷(PAQ)的知识化改造》,《现代管理科学》2003年第12期,第7—8页。(有删改)

【案例点评(二)】

本例的目的性很强,即将职务分析问卷(PAQ)改造为"企业员工生产率调查问卷",用来对岗位知识含量进行调查,主要采用的方法是文献法、问卷法等。研究的提出是由于当前知识工作量化成为管理实务的重要内容,而传统的问卷则无法反映知识含量,因此需要对传统问卷进行改造。

首先要明确问卷改造的意义,传统体力工作与知识工作有哪些差别,在工作评价上有何不同的要求。知识员工与传统体力员工并无严格界限,但其工作中包含的知识在量上不同。传统的PAQ问卷对体力劳动性质的岗位适用性高,对输入和输出难以明确定义、工作过程难观测监控、个体差异大以及成果的群体性强的管理、技术、专业性质职务,适用性要相对差一些。而这些职务恰恰是知识工作所要研究的对象。再加之PAQ问卷可读性差,所以需要进行改造,以体现出知识工作的特征。

改造的初步方案是由专家、相关从业者讨论拟定的。第一,在工作要素上补充了投入要素、工作积极性、工作成果产出方面的题项,

第二章 工作分析研究案例

探索知识工作者与非知识工作者在工作激励和个人感受方面的异同点。第二，由于知识工作的复杂性，传统考察普通体力工作的指标显得单薄，因此丰富了工作要素的考察指标和考察种类。根据前人对知识工作的研究，得到"个人职业经历、教育程度、培训成本、个人绩效等级、产出量、工作持久和稳定性、效率、知识的应用、决策复杂性、时间长度、重复性、工作技能要求、结构化"等指标。但为了保持PAQ问卷原有的工作导向性、特定时间点等特点，排除了绩效等级、职业经历，将与工作要素重复的内容不作为指标处理，将难以打分的项目排除或改为主观填空。

为了验证改进后的PAQ问卷，对其进行了试调研和数据分析。调查的样本包括不同类型、不同层次的岗位。本例中的问卷调查是以近乎访问的形式进行的，由调查者与被访者一对一问答，所以问卷的回收率和有效率达到了100%。得到数据后分别按照各指标值计算，将所有岗位指标值进行聚类分析，导出了知识含量指标，分为五等。问卷的信度较高。问卷的改造基本成功。

其实本例中对PAQ的改造，还是补充的成分更多，即对PAQ原本题项的改造并不明显，而是通过增加与知识工作相关的工作要素和指标来完善传统的PAQ问卷。那么研究中对增加的工作要素、指标的合理性是有较高要求的，本例对此的阐述并不充分。问卷中题项的表述是否有歧义、是否容易理解也是问卷质量的关键，在本例中也未具体提及，这在后期还可以改进。不过在"改造"中，研究者注意到了保持PAQ问卷本身的风格，优势传统问卷得以更新进而适应新的工作分析需求，这一点是值得赞许的。

【案例思考（二）】

1. 工作分析常用的调查问卷有哪些？传统职务分析问卷（PAQ）的特点是什么？

2. 知识工作和传统工作有何差别？这对工作分析提出了何种要求？

3. 本例中知识工作的工作要素、指标是如何得到的？你认为还有哪些要素和指标？

4. 工作分析的调查是怎样进行的？对获得的数据用了什么分析方法？

5. 改造传统问卷应该注意什么？你如何评价本例的问卷改造？

第三章

人员招聘与配置研究案例

📋 **本章学习目标提示**

- 了解招聘分析的基本流程
- 了解胜任力模型的相关概念
- 掌握案例分析法的基本内容与注意事项
- 重点理解案例分析法的研究特点与局限

【案例呈现(一)】

家族企业人力资源经理的招聘管理
——基于人力资源经理胜任力模型的视角

《中国民营企业发展报告》指出,我国私营企业中 90% 以上是家族企业。目前一些从创业期进入成长期的家族企业已意识到,人力资源的管理成效在很大程度上取决于人力资源经理胜任力。胜任力是当前人力资源管理理论研究的热点,也是人力资源管理实践特别是招聘活动的重要依据,国内研究目前多聚焦于模型构建,较少涉及其实践应用。本文以一家典型家族企业(制造业、夫妻创业、子承父业)的人力资源经理为例,深入分析基于胜任力模型的招聘管理过程及启示。

一、招聘需求分析

精致公司人力资源部经理一职面临空缺,在具体招聘活动实施之前,需要进行企业分析与工作描述,确定该职位的胜任力模型和具体要求。

(一)招聘背景

精致公司由董事长与其妻(现任总经理)于1995年创办,从十多人的家庭作坊发展为泉州市最大的工艺品生产厂家之一,年销售收入5亿多元人民币,员工3000多人。销售部经理是公司创始人的独子;人力资源总监是一位在职人力资源博士,曾任人力资源咨询公司项目经理,将赴沪任职;现任人力资源部经理,将回福州原单位工作。

(二)人力资源经理工作描述

人力资源部除了经理,还设副经理、招聘经理、培训经理、劳动关系管理员、薪酬福利管理员等职,直接上级为人力资源总监,经常与总经办、后勤部、财务部、销售部、生产部和技术部等部门经理发生工作接触。人力资源经理工作被描述为:

(1)在总经理的授权下,在人力资源总监的指导下,全面负责公司人力资源管理工作。

(2)制定人力资源部年度工作目标与工作计划,经审核后实施。

(3)组织草拟公司中长期人力资源发展战略与人力资源计划。

(4)根据人力资源计划组织招聘工作及审核员工内部调配方案。

(5)负责审核人员的调入、招聘、辞退、辞职、调出、停薪留职等。

(6)负责制定、修订与执行公司人事管理制度,健全人力资源管理的各项基础资料。

（7）制定员工考评办法和薪资管理方案,经批准后组织实施;指导各部门的考评工作。

（8）负责组织本公司人力资源开发、职业规划与培训工作。

（9）负责员工的配置管理,并定期向公司高层管理人员提供员工满意度报告。

（10）负责协调本部门与其他部门的工作关系。

（11）完成领导临时交办的其他工作任务。

（三）人力资源经理胜任力模型

胜任力是指特质、动机、自我概念、社会角色、态度、价值观、知识、技能等能够可靠测量并可以把高绩效员工与一般绩效员工区分开来的任何个体特征[1],它是影响工作绩效的关键因素[2]。

基于工作描述,结合对现任人力资源经理及其上下级、同事等的360度行为事件访谈,形成行为描述式量表,征求相关专家意见后修订,内容效度较高,发放给上述被访者。人力资源经理四维胜任力模型对应于沃尔里奇(Ulrich)提出的人力资源四角色:战略伙伴、职能专家、员工支持者和变革推动者[3]。其中,职能管理(4.11)最重要,包括保密性、人力资源管理知识、表达能力、坚持、前瞻性、解决问题、冷静、职业偏好、培养他人;员工管理(4.07)次之,包括回应他人、增进士气、忠于企业;再次是变革管理(3.94),包括了解他人、系统分解、号召力;战略管理(3.90)最不重要,包括模式创新、活用规制、概念应用、企业判断。四维 α 分别为 0.97、0.84、0.89 和 0.82,信度较高。均值大于4的保密性、回应他人、人力资源管理知识、表达能力、坚持、法律意识、赢得支持、自信、电脑操作、果断、了解他人、公平待

---

[1] L. M. Spencer, D.C. McClelland and S. M. Spencer, *Competency Assessment Methods: History and State of the Art*, Boston: Hay/McBer Research Press, 1994.

[2] David C. McClelland, "Testing for Competence Rather than for 'Intelligence'", *American Psychologist*, Vol. 28, No. 1, 1973, pp. 1-14.

[3] 戴维·沃尔里奇:《人力资源教程》,刘磊译,新华出版社 2000 年版。

人、增进士气和接受挑战是最重要的胜任力项目,为招聘测试重点。

二、招聘活动实施

总经理就招聘人力资源部经理召开办公会,与公司高层管理人员商量的结果是:内部无合适人选,须从外部招聘;基于人力资源经理胜任力模型开展招聘。

(一)熟人推荐

在中国,一切信任、一切商业关系的基石明显建立在亲戚关系或亲戚式的纯粹个人关系上。雷丁认为,华人对家庭的信任是绝对的,对朋友或熟人的信任只能达到相互依赖关系。[1] 公司总经理认为,目前公司人力资源管理还不够规范,急需一位专业人力资源经理,最好是熟人,于是要求中高层管理者询问熟识的优秀人力资源经理是否有求职意向。此时正值"跳槽金三月",一个月后,6位基本符合职位要求的候选人进入招聘测试环节。

(二)二轮面试

胜任力被分为两类:较易通过培训、教育发展的知识和技能是基准性胜任力;短期内较难改变和发展的特质、动机、自我概念、社会角色、态度、价值观等高绩效者在职位上获得成功所必备的条件是鉴别性胜任力。[2] 通过多轮测试的人绩效表现较好,离职可能性较低,组织承诺较高。[3] 首先初步面谈,保密性、人力资源管理知识、表达能力、法律意识、电脑操作、商业知识、职业偏好等基准性胜任力是测试重点;之后诊断性面试,回应他人、坚持、自信、果断、了解他人、接受

---

[1] 雷丁:《海外华人企业家的管理思想——文化背景与风格》,张遵敬译,上海三联书店1993年版。
[2] 史班瑟等:《才能评鉴法:建立卓越的绩效模式》,魏梅金译,汕头大学出版社2003年版。
[3] J. P. Hausknecht, J. A. Halpert, N. T. Di Paolo and M. O. Moriarty, "Retesting in Selection: A Meta-analysis of Practice Effects for Tests of Cognitive Ability", *Journal of Applied Psychology*, Vol. 92, No. 2, 2007, pp. 373-385.

挑战、系统分解、冷静、概念应用、解决问题、活用规制、企业判断等通过关键事件和行为分析才能区分的鉴别性胜任力是测试重点。

（1）初步面谈。总经理为主考官，人力资源总监和现任人力资源经理担任考官，基于应聘者简历设计面谈提纲，针对其回答中涉及的关键事件进行追问，凭经验判定明显不符合职位需求者。一位应聘者详细介绍原单位薪资，未能保守企业机密；一位应聘者说江西方言；一位应聘者近期频遭劳资纠纷。其余三位均能保守企业机密与尊重员工隐私，受过人力资源教育或培训，清楚说明看法；了解国家和省市劳动法律法规等；熟练使用计算机、网络工作；了解企业整体运作，乐于从事企业人力资源管理工作。

（2）诊断性面试。董事长与总经理为主考官，销售部经理与人力资源总监、现任人力资源经理担任考官，介绍公司人力资源状况、管理现状与转型挑战，请应聘者据此提出工作设想，追问其中重点难点，填写检核性描述量表。一位美资企业人力资源经理所提方案理论上看相当好，显示出业务能力过硬，但实施方案不够有效。一位国有垄断行业企业人事经理，在被问及如何应对工人罢工时，因从未有此经历，仅提出"做思想工作""加薪"之类的举措。

A 与总经理毕业于同所大学，共同认识很多师友。在浙商创办的企业任人力资源经理时，工人因不满工资罢工，A 先请生产主管吃饭，请其说明本公司与其他公司的薪资具体差距，主管说不出。于是请其到周边几家同规模同行业工厂各找两位工人一起调查。结果发现，本公司工资福利、津贴补贴及免费午餐和住宿等转换为货币工资，总体还略高于同行业工厂。A 承诺"公司效益提高，大家工资还会增加"，罢工平息。其实之前老板为尽快平息罢工已提出调高工资10%，但 A 私下了解本公司薪资不比同业低，且激励就是奖励朝着希望方向前进的人，绝不能"工人一吵，工资就加"，而应奖励高绩效者。事实上，当年企业效益好，绝大多数超额完成任务的工人收入也随之增加，大家干劲儿更足。

董事长与总经理当场拍板聘用 A。妥善处理罢工这一关键事件反映出 A：(1) 及时回应，对员工主动提出或自己观察发现的问题给予关注;对自己的专业判断、能力有信心,遇到困难不放弃,在特定情况下果断决策并采取必要行动;较短时间内能了解他人态度、兴趣、性格或需求等;愿接受挑战,积极面对问题。(2)能将复杂任务系统分解成可处理的若干部分;面临很大压力时能控制自己情绪,并使他人冷静;根据企业实际适当修改人力资源理念或方法,客观分析事件因果,找出几种解决方案并衡量其价值,视情况灵活应用规章制度。

三、招聘效果评估

(一)试用期考察

精致公司与 A 约定试用期为 3 个月,试用期满签一年劳动合同(该约定符合当时《劳动法》规定,但不符合现在《劳动合同法》的规定)。

赢得支持、公平待人、前瞻性、更新知识等需较长时间方可判断的鉴别性胜任力是试用期的考察重点。匹配分析贯穿甄选全过程,但前述环节更侧重筛选,后续环节综合分析候选人表现。A 在与原公司新人力资源经理顺利交接后进入精致公司,总经理建议其在试用期做员工满意度调查。A 设计问卷后"一对一"征询中高层管理者特别是即将离任的人力资源总监和人力资源经理的意见,并据此修订后在公司内网进行全员调查 1 周。针对调查中反映的问题,在非正式场合如就餐时与员工沟通。1 个月后 A 提交报告,指出公司人力资源管理存在的现实问题,结合未来发展提出配套解决方案。总经理看完报告,提议召开中高层干部会议边讨论报告边考察 A,人力资源总监设计了综合型标准参照式观察测评量表。大家认同 A 撰写的报告,而且试用期工作反映出 A:公平对待各层次、各类型员工,主动与相关部门及员工保持良好关系,赢得有力支持;虽不太了解本行业,但积极阅读有关书籍和请教员工,尽可能了解公司经营管理;以前瞻性眼光开展分析,避免问题发生及尽可能创造、把握良机。试用结果,A 提前转正。

（二）年度评价

A 认为，人力资源管理制度化是企业发展的基础。经与中高层管理者各种形式的多次沟通，得到大家特别是企业核心家庭的认同。A 结合人力资源理论和各类员工特点，与相关部门合作制定并有效实施了人力资源管理制度。例如，制定新考评制度时有意在方案中留下几个不重要的漏洞，销售部经理据此提出意见，A 即刻采纳。销售部经理全力支持 A 在本部门试点，效果理想。A 与总经理深入沟通，后者也力推新制度。新考评制度在公司顺利实施。

A 基于职位胜任力和工作绩效分析下属与其工作的匹配度，做出若干调整。例如，人力资源部副经理老李被提拔前是驾驶员调度，公司创立时是总经理司机。A 请老李制定薪酬方案，该方案引起工人公愤，老李被调回原职。A 约老李喝酒谈心，表示"您其实更胜任车辆调度"，老李对此表示认同。之后，A 报请总经理将一直积极协助自己开展工作、人力资源管理专业本科毕业、司龄 3 年的人力资源部经理助理小季提升为副经理，小季感动之余更加努力。此外，A 从校园招聘了一位人力资源、法律双学位本科生，作为储备干部培养。

"尾牙"是闽南风俗，之前均由后勤部负责，员工反映该活动就是吃饭。A 非常重视这次全员聚会，主动与后勤部联系合作，提议所有活动均由员工设计。颁发证书奖金表彰优秀员工，将公司拳头产品作为抽奖物，董事长和总经理与优秀员工同桌吃饭，外来务工人员激动异常地说："平生第一次与大老板同桌吃饭。"大家公认这次活动是公司有史以来最棒的一次。

总经理和人力资源部员工及经常接触部门的经理基于关键事件对 A 做年度评估，除了再次验证应聘与试用期表现出的胜任力，还反映出 A：采取必要行动，增进员工士气；洞察企业需要，据此创造适合企业的人力资源新模式；培养员工而授予新任务，及时晋升有能力员工；维护公司利益，尊重权威人物，取得信任和支持；拥有真实号召力，激发团队热情和承诺。董事会基于人力资源管理的战略作用，特别是 A 的高度胜任，吸收其进入公司决策领导团队。

四、总结与启示

本文以精致公司招聘人力资源部经理为例,通过跟踪研究,探讨企业如何基于人力资源经理胜任力模型开展招聘管理,从而推动企业人力资源管理水平的不断提升。

(一)体现当前我国家族企业人力资源管理典型现状

从人力资源经理胜任力维度均值来看,职能管理最受重视,员工管理和变革管理次之,战略管理最不受重视。这从一个侧面反映企业尚处于人事管理向人力资源管理过渡的阶段,还未进入战略人力资源管理阶段。这与工作分析结论一致,即80%以上投入于对企业贡献不大、附加值不高的人事工作。此外,受家族企业对外部职业经理人的信任不足,及企业内部人力资源供给不充分的影响,熟人推荐是家族企业外聘职业经理人的首选途径。

(二)分类逐步验证胜任力项目

基准性胜任力和较短时间内可观察到的鉴别性胜任力分别是初步面试和诊断性面试的重点,可借助半结构化面谈和关键事件分析。较长时间才可判定的鉴别性胜任力是试用期的考察重点,可借助员工满意度调研之类的单项任务反映出来。事实上,对于工作绩效较为隐性的管理职位,很难通过较短试用期内重复性很强的日常工作集中反映被评价者胜任力。相当长时间方可反映的鉴别性胜任力是招聘后的年度评估重点,可基于360度关键事件评价呈现。

(三)应用胜任力模型需充分考虑组织情境与职位特征

本案例构建的人力资源经理胜任力模型对其他家族企业或制造业企业招聘、选拔、评估人力资源经理具有一定的借鉴作用,但不宜完全套用。不过,其胜任力模型的理论基础、构建方法和流程,以及实践应用关键控制点等,可应用于其他组织的管理职位。以本文为基础,今后可结合国内外相关研究成果,针对我国不同行业和不同类型企业,分类比较不同系列管理职位胜任力模型的异同,最终建立通用管理胜任力模型,以及特定行业(如服务业)或特定类型企业(如家族企业)的特定职位(如人力资源经理)的胜任力模型。

(四)胜任力模型始终处于持续动态发展中

人力资源胜任力由对应战略伙伴、职能专家、员工支持者和变革推动者四维,转变为对应可信任的积极实践者、文化管理者、人才管理者/组织设计者、战略变革设计者、业务联盟、日常工作的战术家六维,反映了人力资源角色新演变。此外,经济环境、法律法规等对企业及其管理者影响深远。《劳动合同法》颁布实施,人力资源经理须及时基于新法调整企业人力资源管理制度。当前美国次贷危机引发全球金融危机,人力资源经理应更多投入到配合企业产业升级与战略调整、人工成本控制与人员精简、员工关系维护与劳资矛盾协调等活动中。而因应这些变化,人力资源经理胜任力模型将可能随之出现若干调整。

案例来源:陈万思、赵曙明:《家族企业人力资源经理的招聘管理——基于人力资源经理胜任力模型的视角》,《中国人力资源开发》2009年第5期,第63—66页。(有删改)

【案例点评(一)】

本例主要用案例法,以一家家族企业人力资源经理的招聘为例,介绍和分析了与人员招聘有关的招聘需求、招聘实施和效果评估等方面,较完整地展示了基于胜任力模型的招聘过程。

在招聘需求分析方面,包括招聘背景分析、工作分析、胜任力模型三个阶段。本次的招聘是为家族企业精致公司招聘人力资源部经理,需要对企业和工作进行分析。不同的企业文化、组织结构对人员的要求也不同。在招聘中不仅要考虑人岗匹配,还要考虑是否与组织文化匹配，分析招聘背景一方面可以确定本次招聘的重要性，另一方面也对应聘者对组织大环境的适应提出了个性化要求。需求分析中最重要的是工作描述，这在工作分析部分会有更清晰的解释。翔实、准确的工作描述包括工作在组织结构中的位置、工作内容、工作环境等。本例中介绍了人力资源部经理的上下级以及经常会接触到的部门和人员。在工作描述上要注意简明扼要、兼顾全面，如"在总经理的授权下""经批准后"指出工作的上级，"负责审核""负责制定、修订"指出工作的具体行为，"公司人事管理制度""员工考评办法和薪资管理方案"指出工作的结果等。通过工作描述可以得出本工作对员工的一般要求，胜任力则是可以区别高绩效员工与一般绩效员工的个体特征。本例中的胜任力模型是"结合对现任人力资源经理及其上下级、同事等的360度行为事件访谈，形成行为描述式量表，征求相关专家意见后修订"得出的，内容包括职能管理、员工管理、变革管理、战略管理四个维度，并确定了招聘测试重点：保密性、回应他人、人力资源管理知识、表达能力、坚持、法律意识、赢得支持、自信、电脑操作、果断、了解他人、公平待人、增进士气和接受挑战。

在招聘活动实施方面，招聘的方式是通过与公司高层管理人员商量得出从外部招聘的结论，原因是内部无合适人选。在招聘方式上，案例有着家族企业的明显特点，"一切信任、一切商业关系的基石明显建立在亲戚关系或亲戚式的纯粹个人关系上"，采用的是熟人推荐的方式，"最好是熟人""要求中高层管理者询问熟识的优秀人力资源经理是否有求职意向"。熟人推荐是招聘中的常见方式，推荐人往往对候选者的情况较为了解，同时也了解企业的情况，经过推荐者本人的初步筛选，往往契合度较高。同时，被推荐者入职后与推荐者熟识，适应企业，彼此交流的隔阂也较小。缺点是熟人推荐可能会因关系而忽视能力，同时也可能形成组织内部的拉帮结派，此外被推荐者往往和推荐者有一定的性格、风格的相似性，不利于新鲜血液的引入。面试分为两轮：初步面谈和诊断性面试。初步面谈的测试重点为基准性胜任力（较易通过培训、教育发展的知识和技能）；诊断性面试的测试重点是鉴别性胜任力（短期内较难改变和发展的特质、动

第三章 人员招聘与配置研究案例

机、自我概念、社会角色、态度、价值观等高绩效者在职位上获得成功所必备的条件）。在实际过程中，初步面谈作为第一轮筛选，"基于应聘者简历设计面谈提纲，针对其回答中涉及的关键事件进行追问，凭经验判定明显不符合职位需求者"。诊断性面试则提出当前企业的实际问题，"请应聘者据此提出工作设想，追问其中重点难点，填写检核性描述量表"。在此过程中，董事长和总经理当场决定聘用A。由于A与总经理毕业于同所大学，有共同熟识的师友，对于A的背景了解十分便利，再加上具体的处理事件中A得当的表现可以具体说明A具有职位要求的能力和素质。

其后是对招聘效果的评估。效果评估包括试用期考察和年度评价两个部分。在胜任力中，一部分是需要较长时间才能体现和判断的，所以前期的筛选并不意味着招聘的结束，试用期、年度评价等更加看重对应聘者的综合分析。在试用期中，给了A工作任务"员工满意度调查"，在中高层干部会议中边讨论A提交的报告，边讨论A，对其在试用期的工作做出综合评价。年度评价上，总经理和人力资源部员工及经常接触部门的经理基于关键事件对A做年度评估，再次验证A的胜任力，同时反映了A的其他优秀素质，董事会决定将A招入公司决策领导团队。在后期的评估方面，更多的是通过"关键事件"进行考评，评价主体是工作中涉及的多方面人员，A在具体事件中的行为更能体现出其实际能力。

本例的亮点在于不仅对案例企业的招聘过程进行了详尽的介绍，更通过这一案例提出了企业招聘、胜任力模型的相关思考。通过本例中人力资源经理胜任力维度均值，发现当前人力资源管理的战略性不足，还发现家族企业中内部人力资源供给不足，以熟人推荐为外聘经理人的首选途径。胜任力的鉴别是分类进行的，短时间可鉴别的在初步面谈和诊断性面试中重点体现，使用半结构化面谈和关键事件分析的办法；较长时间才可判定的是试用期考察点，利用单项任务反映；相当长时间才能鉴别的是年度评估的重点，基于360度关键事件评价体现。

诚如本例所言，基于案例研究并不能武断得出普适性的结论，但本例中"胜任力模型的理论基础、构建方法和流程,以及实践应用关键控制点等"是值得借鉴的。不过本例中的一个关键要素——胜任力模型构建的介绍过于简洁,对每一项胜任力的解释也没有得到体现。在实际中为了便于评价,对关键的胜任力往往要做出详尽的解释甚至举例。再有,本例中只有 A 一人进入了试用期,如果在试用期和年度评价中发现其某项关键胜任力缺失,甚至长期相处后发现某项特质与企业严重冲突,则意味着本次招聘失败,前期的大量精力投入失去意义,这要求在前期选拔中要谨慎、仔细,尽可能考虑全面,如果岗位特质必须长期判断,短期实难进行,可以考虑初步筛选后选择 2 位以上的人选进入试用期备选,以降低这样的风险。

【案例思考(一)】

1. 招聘的基本流程有哪些?在招聘过程中胜任力如何体现?

2. 招聘需求分析有哪些步骤?从本例的背景分析中可以猜想家族企业在招聘上有哪些特点?为什么?

3. 胜任力模型有什么意义?是怎么得出的?

4. 本例中的胜任力模型有何特点?对于一个企业的发展,你认为应该有哪些胜任力?哪几项更重要?

5. 招聘实施有哪些环节?不同环节分别适合考察哪些素质和能力?用什么方法考察?

6. 何时意味着招聘的结束?如何进行效果评估?你认为 A 是合适的人选吗?

7. 作为案例研究,通过本例可以有哪些猜想?如何验证?

【案例呈现(二)】

企业综合办公室"人岗交叉"问题探析
——以胜利油田东胜精攻集团公司办公室为例

在一些规模较小的国有企业,或者市场取向越来越强的大型国有企业中,其企业办公室大都已经超越了一般意义上"企业办公室"的概念,而呈现出业务职能多而人员配备少的特点。为适应这种实际,一职多能、一人多岗,同时又一职多人(因为有时一些紧迫工作只靠原本设定的本职人员无法及时完成,需要调剂其他人员共同参与),成为企业办公室的"被迫"选择。那么,如何分析评价相关业务职能的人员力量配置,进而根据企业价值取向来科学调配力量,发挥整体效能,并建立一种有效激励机制,激发办公人员积极性,成为很多综合性办公室面临的重要课题。

一、问题提出与分析假设

综合性办公室内员工一岗多人、一人多岗,同时又一职多人的实际,使得承担多职能的员工将自己的"精力"投放到各项职能的力度和份额不同,这往往就决定着各项职能的发挥情况。这里的"精力",具有两层含义:一是时间投入,二是主动性。即:

精力=时间×主动性

在一般激励条件下,一个员工所具有的最大"精力资源",就是其在正常工作时间、最高的主动性卜,靠最大技能而可能发挥出的潜在效能。显然,提高员工所具有的最大"精力资源",无非要提高员工主动性、加大员工时间投入和提高能力。

由上述公式,可以分析部门内所有职能的人员力量配置情况,可以有如下"矩阵":

A 职能上配置的人力=(员工 a 的精力×a1%+员工 b 的精力×

b1%+…+员工 n 的精力×n1%）；

B 职能上配置的人力 =（员工 a 的精力×a2%+员工 b 的精力×b2%+…+员工 n 的精力×n2%）；

C 职能上配置的人力 =（员工 a 的精力×a3%+员工 b 的精力×b3%+…+员工 n 的精力×n3%）；

……

N 职能上配置的人力 =（员工 a 的精力×aN%+员工 b 的精力×bN%+…+员工 n 的精力×nN%）。

其中，n 为员工人数；N 为职能项数；且 a1%+a2%+…+aN% = 1，b1%+b2%+…+bN% = 1,…,n1%+n2%+…+nN% = 1。

也就是，某职能上的人员力量配置为所有员工在这项职能上投入的精力之和；某员工在所承担职能上所用精力的百分数之和为 1。

为便于分析，本文在分析人员"精力资源"时，假定所有人对不同职能的技能是相同的，只把其投入的工作时间看作"精力"。当然要考虑技能因素，只需要增加一个技能系数即可，例如，甲员工从事甲职能时，其技能定为 1，而由于工作不娴熟，从事乙职能时只有 0.9；对乙员工也是这样，从事乙职能时技能为 1，从事甲职能时，可能为 0.8。

二、应用实例：对东胜公司办公室人员配置的分析

下面，以胜利油田东胜精攻石油开发集团股份有限公司（以下简称东胜公司）办公室为例，进行初步分析。东胜公司办公室是这个公司最早成立的"三部一室"（公司办公室、地质开发部、经营管理部、财务资产部）之一，素有"不管部"之称。随着公司的壮大，公司办公室的职责日益增多和细化（1998年分离出人力资源部），目前具有相当于油田主体采油厂党办、厂办、党委宣传科（企业文化科）、工会、团委、保卫科（综治办）、计生办、工农科、工商法律科（董监事会办）、机动科（汽车队）、行政科（公共事业中心）等 9—11 个科室的职能，既是领导的参谋、助手和喉舌，又是思想政工的主体，也是群众的"公

仆"和纽带,还是公司形象的窗口。

目前,东胜公司办公室32项大小职能主要集中在办公、政工、保障三路。

(1)办公职能:谋政(调研)、辅政(会议、文字、文书、文件、协调)、督政(督办)、宣政(政策宣传等)。

(2)政工职能:中高层思想建设(中心组学习)、员工思想政治教育(意识形态建设)、内外宣传(含内网、外网、内刊维护)、企业文化、工会、团委。

(3)保障职能:行政管理、房产管理、计生、工商管理、法律事务、土地管理、工农关系、综合治理(治安保卫)、户籍管理、车队管理、工会、"三会"、职工持股会、接待等工作。

当前该办公室定员10人,主任1人,文秘、企业文化、法律事务、土地管理、行政管理主管5人,车队队长、副队长、文书、户籍管理助管4人。

很显然,多达32项大小职能,由10个人来承担,必然要求一人多岗。同时,尽管实行了相对固定的分工,但为避免一人外出或上级安排任务时间过紧而影响工作,就需要按照"分工不分家"的原则,让他人也参与行使部分本职工作,这就形成了一人多岗同时又一职多人的交叉局面。

为清晰分析这种复杂局面,笔者在此引入上述员工"精力资源"假设,建立一个"10人承担32项职能"的模型进行分析(见附表)。

(1)从个人精力分配上看,比如秘书,其在"调研"上投入10%的精力,在"会议策划组织"上投入20%的精力,在"文字工作"上投入30%的精力,在"文件办理""协调"和"督办"上各投入10%的精力,另投入10%的精力协助从事"工商"职能,大部分精力集中在办公行政领域;文化主管则有30%的精力置于"编辑内网内刊",20%的精力从事"内部文化建设",10%的精力从事"外宣",10%的精力"服务中心组学习",10%的精力从事"意识形态建设",还有20%的精力协助履行"调研""文字""会议"等职能。

(2)从具体职能上看,比如"调研"职能,主任投入其精力的

15%,秘书投入其精力的10%,文化主管投入其精力的7%,如果忽略三者的技能差异,则相当于本职能的人员配置为0.32人。

依此分析,则东胜公司办公室三大路职能的人员力量配置就是:

(1)办公职能相当于2.15人,其中主任50%的精力,秘书90%的精力,文化主管25%的精力,文书50%的精力。

(2)政工职能相当于1.43人,其中主任28%的精力,文化主管75%的精力,户籍助管40%的精力。

(3)保障职能相当于6.42人,其中主任22%的精力,秘书10%的精力,文书50%的精力,户籍助管60%的精力,行政主管、法务主管、土地主管和车队正副队长全部的精力。

由上述分析可知,东胜办公室在结构上存在以下问题:

(一)核心职能不突出

受限于以往定位,目前东胜公司办公室的办公行政、思想政工、综合保障等三路工作中,属于核心职能的办公行政路只配备了2.15人的力量,思想政工路只配备了1.43人的力量,参谋助手职能和政工职能两项核心职能只配备了3.5人的力量,只占总人数10人的35%,而综合保障路却配备了6.42人的力量。由此,东胜公司办公室给员工留下的不是"办公"室的形象,而是一种负责"分月饼、办户口、发服装"的"办私"室的印象,没有体现出应有的参谋、助手和喉舌的地位(见表1)。

表1　东胜公司办公室各路业务对应的人员配置

	人数(人)	百分比(%)
办公行政路	2.15	22
思想政工路	1.43	14
综合保障路	6.42	64

(二)不同领域的职能交叉过多

综合性办公室职能交叉是必然的,但交叉点应尽量控制在相近的业务范围内,对东胜公司而言,应尽量分别控制在办公行政路、思想政工路和综合保障路的内部,这样才会有利于发挥综合效能,也有利于提高人员相对综合的技能,当然也有利于强化管理。但东胜公司办公室业务人员在不同业务路内交叉过多,如文书有一半精力分别投放在办公(办公行政路)和"办私"(公寓管理等综合保障领域)上。

(三)部门负责人管理幅度过大

具有10名员工和不同性质的三路32项大小职能,相当于胜利油田主体采油厂9—11个科室,对应着胜利油田和地方政府近20个处、室、局部门,却只有1名负责人管理,管理跨度大,很难避免办事效率低下。

(四)业务技能不拔尖

由于长期处于一岗多能的状态,受精力分配的限制,东胜公司办公室人员的业务技能缺乏专业化、精细化的空间,单项技能都需要进一步提高,这是不言而喻的。

三、改进建议:职能、业务调整思路及人员配置、内部运行机制设想

本着突出优势和核心业务的原则,东胜公司办公室应重点加强办公行政路和思想政工路的工作,增强办公行政、政工力量、文字力量。具体工作思路及建议如下:

(一)职能、业务调整思路与人员配置设想

(1)强化办公行政职能和人员力量。

强化政策研究、调查研究职能,突出"参"作用;强化协调职能,突出助手作用。由目前的2.15人,增加到4人,其中增加文字秘书(适当兼顾政策研究和协助内刊采编)人员1人,增加公共关系协调人员1人。

(2) 强化思想政工职能和人员力量。

强化思想政治教育工作;将内刊《东胜简讯》升级为内部资料性报纸;加强工团组织管理。增加宣传教育1人。由主任、企业文化主管、宣传教育和文字秘书组成内刊编辑部,并注意加强业余通讯员的培训和管理,多借助外力。

(3) 梳理办公行政、思想政工、综合保障三路职能和流程,组建(或虚拟)办公行政组、思想政工组、综合保障组,尽量避免在不同业务之间交叉。

由办公室主任亲自负责办公行政组,明确1名兼职负责人代管思想政工组(网刊编辑部),1名兼职负责人代管综合保障组,赋予法务主管、土地主管此类与公司办公行政贴近而与生产职能疏远的岗位以更大的自主权,这样有利于减少负责人的直接管理幅度和难度。

(二) 内部运行机制设想

(1) 建立业务"结对"机制。

为确保基层或外部人员办事效率,东胜公司办公室可由业务相近人员组成"对子",确保"对子"中至少有1人在工作岗位。

(2) 建立文字材料会稿件制度。

鉴于内部文字力量薄弱,为提高文字工作水平和个人业务技能,东胜公司应建立重要稿件"共同悟路子——专人起草草稿——会稿讨论——定稿"机制。

(3) 建立编辑部运行会制度。

为增强内刊内网的思想性和政治性,东胜公司可在内刊编辑部建立运行会制度,定期研究宣传主题。

(4) 采取照相、电视、视频等报道手段外包制度。

由东胜公司办公室与基地附近2—3个大单位宣传科签订合作协议,雇用其声像组人员按照东胜的需求和要求,进行照相、录像和编辑工作,丰富东胜公司宣传手段。

(5) 扩大主管人员业务自主权。

部门负责人可以适当向业务主管放权,腾出精力从事职责交叉点和任务紧迫时的行政协调工作,提高运转效率。在业务上,建议负责人进一步向办公行政路倾斜力量,可由目前的50%的精力,增加到67%—75%的精力。

(6) 加强业务技能培训和思想建设。

通过技能培训着重提高主打业务的技能,同时也要兼顾"结对"业务的技能,造就"多专多能"的办公人员。

四、结语

从宏观方面看,由上所述建立一套相对定量的模型,可作为综合性办公室职能划分与人员配置相对合理的依据。为简便起见,本文忽略了诸如技能高低等因素。事实上,东胜公司办公室能在办公行政路、思想政工路人员较少的情况下,有效运转,其一是这两路人员相对技能较高些,其二是加班加点。但这种结构功能缺陷靠个人主观努力去弥补的情况终究非长久之计。因此,关键还是要使内部岗位设置科学合理。

从微观层面看,要解决综合性办公室内一岗多人现象所带来的个人精力分配问题,员工个人的自我有效管理是关键。比如,员工认为其多项职能中的某项职能对其具有吸引力(如工作本身具有挑战性,或者对自身成长有利,或者容易得到表扬或奖励,等等),就更倾向该项工作,从而制约其他职责的履行,这就需要管理者借助本分析方法,及时洞察,通过有效措施予以调节,从而确保各项工作都不"掉链子"。

案例来源:刘其先:《企业综合办公室"人岗交叉"问题探析——以胜利油田东胜精攻集团公司办公室为例》,《中国人力资源开发》2006年第1期,第92—95页。(有删改)

附表　东胜公司办公室职能业务与人员力量配置表

人员	办公行政路							思想政工路									群众组织管理		班子建设	综合保障路											
	谋政		辅政				督政	宣政	意识形态			企业文化建设							中心组	行政管理	女工计生	户籍管理	公寓管理	房产管理	接待管理	车辆管理	综合治理	工商管理	法律事务	土地管理	工农关系
	调研	会议	文字	文书	文件	协调	督办	政策传达	政治教育	内网内刊	外网	道德文明	理念	行为规范	形象策划	外宣报道	工会	团委													
主任	0.15	0.05	0.05				0.1	0.05	0.05	0.1	0	0	0	0	0.01	0.04	0	0	0.08	0.07	0.01	0.01	0.01	0.01	0.01	0.03	0.02	0.01	0.01	0.01	0.01
秘书	0.1	0.2	0.3	0.1			0.1																					0.1			
文化主管	0.07	0.06	0.07					0.05	0.05	0.3		0.04	0.04	0.04	0.04	0.1			0.1												
法律主管																				0.7	0.1			0.2				0.4	0.4		0.3
行政主管				0.3	0.2																	0.4	0.2		0.3		0.1				
土地主管																														0.9	
文书					0.35	0.2	0.15	0.1	0.1		0.04	0.04	0.04	0.04	0.04	0.05	0.4	0													
户籍助管																															
车队队长																										1					
车队队副																										1					
小计	0.32	0.31	0.42	0.3	0.35	0.2	0.15	0.1	0.1	0.4	0.04	0.04	0.04	0.04	0.05	0.14	0.4	0	0.18	0.77	0.01	0.41	0.21	0.21	0.33	2.02	0.11	0.51	0.31	0.91	0.31
合计	2.15人							1.43人												6.42人											

第三章 人员招聘与配置研究案例

【案例点评(二)】

本例主要采用案例法对国有企业办公室的人员配置进行研究,着眼于目前国企办公室普遍存在的"一人多岗""一职多人"的问题,对案例中办公室人员在多职能上的精力分配进行分析,提出了相应的改革策略。

案例分析首先要确定分析的理论框架,这样的案例分析才能有的放矢。本例中明确了核心变量的内涵、结构和表征手段。既是对"精力"分配进行分析,在研究的开始首先需要对"精力"进行定义。本例中的精力确定为两个层次,即时间投入和主动性,并依此形成矩阵。之后对精力的讨论也是从这两个角度出发,对概念的限定能够让后期分析具有针对性。对于组织的管理目标(提高一个员工所具有的最大的"精力资源"),明确为提高员工主动性、加大员工时间投入和提高能力。在技能因素方面引入技能系数。

具体进行案例分析时,首先对东胜公司办公室人员配置的实际情况进行介绍。对办公室职能、结构的了解从办公室设立的历史背景入手,从部门的历史沿革往往可以看出其职能是如何变化的,以及变化的原因,这可以作为后期改进的参考资料。职能方面可以分为三大职能,对每一职能进行了工作描述,总计32项基本职能。接着是说明当前办公室的人力资源存量,共10人。当前的情况为10人承担32项职能,造成了一人多岗,而为避免一人外出或上级安排任务时间过紧而影响工作,又形成了一职多人的交叉局面。分析如此多的人员和职能的交叉关系显得十分艰巨,这时以在案例分析之初提出的"精力资源"理论假设,形成分析的表格,这样可以更清晰地了解个人精力的分配情况和各职能的分配情况。在个人精力上可以看出每个人的精力分配,例如秘书,其在"调研"上投入了10%的精力,在"会议策划组织"上投入了20%的精力等,大部分精力集中在办公行政领域。在具体职能上可以得出每个职能上投入的实际人数，比如"调研"职能，主任投入其精力的15%，秘书投入其精力的10%，文化主管投入其精力的7%，如果忽略三者的技能差异，则相当于本职能的人员配置为0.32人。

经过分析可以分别得出办公行政、思想政工、综合保障等三路工作中投入的人员力量，并与实际的办公室核心职能要求进行对比。结论是办公行政、思想政工的人力投入少而综合保障的人力投入则过多。对个人精力的分析可以看出，涉及的交叉职能往往跨度较大，在不同业务路内交叉过多，由于任务过多难免出现技能难以专业化的问题。最后，管理人员只有1名，管理效率有限。基于上述问题，本例分别给出了针对性的建议。人员配置方面，是在对当前职能、人力分配合理化的职能、人力设想进行对比的基础上，找出差距并进行改进。以思想政工职能为例，强化思想政治教育工作，提高相应工作内容的级别，增加宣传教育1人，形成对内刊编辑部的领导，加强能力培训管理并借助外力完成工作。

本例为分析内容项目繁杂的案例做出了示范，最大的亮点是在分析前首先构建"精力资源"的理论分析框架。研究中对个人精力分配和各职能的人力分配的分析都是在此基础上完成的，进而才能对人员配置和业务的优化提出相关方案。不过，本例中直接给出了工作职能、业务范围对应的人员精力配置的结果，数据来源并未予以说明。在实际的调查中，如何获取准确的数据（如工作分析）是数据有效性的基础，也是分析数据的前提。

【案例思考（二）】

1. 在案例分析前要进行哪些准备工作？本例是怎样做的？
2. 本例是如何分析人员力量配置的？所谓的"精力资源"矩阵合理吗？
3. 本例中指出了该办公室人员配置上的哪些问题？从与工作职

能、业务范围对应的人员精力配置表还可以得出哪些结论？

4. 职能、人员配置调整的基本思路是什么？为何要改进内部运行机制？

5. 如果考虑技能因素，该如何分析本案例？哪些结论可能发生变化？

第四章

人员的培训与开发方法研究案例

本章学习目标提示

- 了解问卷法中问卷的形成过程
- 掌握因子分析的基本方法
- 掌握问卷信效度检验的思路与方法
- 掌握回归分析的基本过程
- 重点理解如何解释因子分析、回归分析等分析结果

【案例呈现(一)】

公务员培训参与动机分析

一、研究的问题和目的

员工培训既是组织提高效率的需要,也是员工个人实现自我发展的需要。组织面对环境的快速改变,需要有效开展员工培训。我国政府也越来越重视公务员的培训开发,关注公务员的能力和素质

建设。但目前公务员培训管理仍是公共部门人力资源开发中的薄弱环节。许多培训项目难以收到良好的效果,部分原因在于政府人事部门缺乏系统有效的培训管理体系,从而引致公务员参加培训的积极性不高,对培训不够投入。因此,有必要深入地研究公务员的培训动机、培训需求和态度,为我国公务员开发培训管理的发展打下基础。

随着培训管理实践的发展和研究的深入,培训需求评估越来越注重信息的全面性和准确性。目前有关培训需求的研究与实践越来越重视受训者个体的需要和感受。个人的动机、偏好、意愿直接影响受训者的培训学习效果以及培训结果的迁移,进而影响到培训的有效性和培训投资的收益[1]。而培训参与动机是促使员工加入到培训项目中的驱动力量。缺乏参与动机的员工会寻找各种理由退出培训,或难以坚持完成整个培训。只有较高的参与动机才能使员工去选择并投入到培训之中,也只有这样公务员培训才能取得实效。但在我国有关公务员培训需求、培训参与的研究甚少。因此,有必要从基本的动机开始,分析我国公务员参加培训的心理因素对培训的影响,以及如何设计出更符合公务员需要的培训项目,提高公务员培训的效果。

本研究试图通过探索性研究考察我国公务员参加培训的动机因素以及动机取向,从而了解公务员的培训参与动机的构成,为提升公务员参与培训的积极性提供理论依据,为改进公务员培训设计、提升公务员培训效果提出有益的建议。具体来说,本研究所要回答的问题是:了解有哪些因素在驱动政府公务员个人参加培训;考察这些动机因素是否能归类,能否被划分为不同的培训参与动机取向。

---

[1] J. Kevin Ford and Raymond A. Noe, "Self Assessed Training Needs: The Effects of Attitudes Toward Training, Managerial Level and Function", *Personnel Psychology*, Vol. 40, No. 1, 1987, pp. 39-53.

二、文献回顾

动机(motivation)是指那些激发和维持有机体的行动,并使该行动朝向一定目标的心理倾向或内部驱力。动机具有三方面的功能:(1)激发功能,激发个体产生某种行为;(2)指向功能,使个体的行为指向一定的目标;(3)维持和调节功能,使个体的行为维持一定的时间,并调节行为的强度和方向。[1]

人们的动机在程度上和类型上都各不相同。也就是动机的差异不仅表现在动机的水平上,而且表现在动机的取向(即动机的类型)上。动机的取向即指产生行为的内在态度与目标。近三十年的研究表明,当一个人的行为是由外部动机引起或由内部动机引起时,其行为与体验的质量是不一样的,内部动机的激发会产生高质量的学习与创造力[2]。

与培训动机研究较为接近的是有关成人教育动机的研究。国外众多的成人教育领域的研究者对成人参与教育的动机进行了大量的研究,很多是针对动机的结构来进行的,其中以霍尔(Houle)、谢菲尔德(Sheffield)、伯吉斯(Burgess)和博舍尔(Boshier)的研究最具代表性。

美国学者霍尔研究了22位参加教育课程的积极学习者。他了解他们参与学习的动机,但他发现每个人想要达成的目标不同,参加学习的动机类型也各有不同。他根据交谈的结果,把这些学习者的动机类型归纳为三种:目标取向、活动取向、学习取向。[3]

谢菲尔德对霍尔的动机取向分类理论做了系统的探讨。他参考成人教育学者的相关研究,制定了一个"继续学习取向指数"(Continuing Learning Orientation Index, CLOI)量表,对成人教育参与者进

---

[1] 林崇德、杨治良、黄希庭:《心理学大辞典》,上海教育出版社2004年版。
[2] Richard M. Ryan and Edward L. Deci, "Intrinsic and Extrinsic Motivations: Classic Definitions and New Directions", *Contemporary Educational Psychology*, Vol. 25, No. 1, 2000, pp. 54-67.
[3] C. O. Houle, *The Inquiring Mind*, Madison: University of Wisconsin Press, 1961.

行调查。对调查的结果,采用因素分析法抽取出下列五个取向:学习取向、活动欲望取向、个人目标取向、社会目标取向、活动需要取向。①

伯吉斯的研究对成人教育参与理论有着重要的意义。他参考了相关的研究,假设了成人参与学习的几类理由:达成个人的目标,达成社会的目标,求知欲,参与社会活动,逃避其他活动或刺激,顺从外界要求,适应朋友、亲戚和社会的压力等。在研究中,他首先搜集到5000多个参与理由陈述,经过成人学习者和两组专家的判断而归纳为70个理由,制定出他的"参与教育理由量表"(Reasons for Education Participation, REP)。伯吉斯利用这个量表研究得出了成人参与教育的七个理由。伯吉斯本人认为他所发现的达成宗教目标的欲望是前所未有的,最具有意义。他认为,达成宗教目标的欲望是一个影响成人参与教育活动明显而确切的理由群,其出现是合乎逻辑的,可认定是一个促使成人追求教育活动的新的影响力量。在伯吉斯之后,又有多位研究者利用他的REP量表进行调查研究。他们的研究结果大体与伯吉斯的研究结果一致,但是"达成宗教目标的欲望"这一项没有得到支持。②

博舍尔对霍尔研究的结果进行了严密的检验。他编制的"教育参与量表"(Education Participation Scale, EPS),受到研究者的关注,已得到多个国家研究者多次的补充、修订和使用。在这份量表里有48个题目,分为六大类动机取向:社会联络、社会激励、认知兴趣、外部期望、职业发展、服务社会。③

国内研究者,如佟丽君等对国外的成人参与教育的动机理论进

---

① S. B. Sheffield, "The Orientations of Adult Continuing Learners", in Daniel Solomon, ed, *The Continuing Learners*, Chicago: Center for the Study of Liberal Education for Adults, 1964, pp. 1-24.

② P. Burgess, "Reasons for Adult Participation in Group Educational Activities", *Adult Education*, Vol. 22, No. 1, 1971, pp. 3-29.

③ R. Boshier, "Motivational Orientations of Adult Education Participants: A Factor Analytic Exploration of Houle's Typology", *Adult Education*, Vol. 21, No. 2, 1971, pp. 3-26.

行了介绍与评论①,还有宋尚桂介绍总结了国外有关的理论和研究成果②。崔彦、王伟杰对霍尔、谢菲尔德、伯吉斯和博舍尔的成人参与教育的动机分类进行了对照分析,见表1。③

表1 不同研究者对成人参与教育动机的分类

霍尔的分类	谢菲尔德的分类	伯吉斯的分类	博舍尔的分类
学习取向	学习取向	求知欲望	认知兴趣
活动取向	活动欲望取向	参与社会活动的欲望	社交接触
	活动需要取向	逃避的欲望	社会刺激
目标取向	个人目标取向	达成个人目标的欲望	职业发展
	社会目标取向	达成社会目标的欲望	社区服务
		顺从外界的欲望	外界期望
		达成宗教目标的欲望	

国内外有关成人教育参与动机的研究为人力资源管理领域对培训的研究提供了重要的基础。从这些文献中可以引发本研究所要研究的问题,公务员参与培训的动机是否同教育参与一样是由多种动机取向共同驱动的。

在人力资源管理领域,研究者已经探索了个人特征(如态度、价值观、动机)和周围特征(如工作特征、组织特征)对培训效果的影响。④ 培训效果的一个重要决定因素就是培训者的培训动机水平。培训动机对培训效果的重要性已经被一些经验研究所支持。⑤ 培训动机受到关注是因为培训动机影响到培训的学习效果和培训成果的

---

① 佟丽君、曲丽娜:《成人学习动机理论述评》,《成人教育》1997年第4期。
② 宋尚桂:《成人学习动机分类研究简述》,《成人高等教育研究》1999年第1期。
③ 崔彦、王伟杰:《成人的教育参与动机研究述评》,《开放教育研究》2001年第6期。
④ J. Kevin Ford and Raymond A. Noe, "Self Assessed Training Needs: The Effects of Attitudes toward Training, Managerial Level and Function", *Personnel Psychology*, Vol. 40, No. 1, 1987, pp. 39-53.
⑤ S. Guerrero and B. Sire, "Motivation to Train from the Workers' Perspective: Examlple of French Companies", *International Journal of Human Resource Management*, Vol. 12, No. 6, 2001, pp. 988-1004.

第四章 人员的培训与开发方法研究案例

转化,进而影响到培训项目的收益。① 诺埃(Noe)指出,诸如动机和态度之类有区别的个人特征,在获得培训效果的过程中扮演着重要的角色。即使受训者具有学习培训课程内容的能力,他们也可能因为较低的动机而不能从培训中获得收益。② 在一个培训项目中,动机首先影响到雇员参与培训的意愿,它也能影响到受训者决定投入到培训项目中的精力。③ 从以往的研究中可以发现,培训对象参与培训项目的动机对培训项目的效果具有重要的作用。

一般提到的培训动机,针对的是个人,也就是培训对象个人的培训动机。通过文献分析可以发现,在研究中涉及的培训动机实际上有两类,一类是培训的参与动机,一类是培训中的学习动机。虽然两者的内涵不完全一样,但在研究中都使用"培训动机"(training motivation)这一概念来表达,很少进行明确的区分。这些研究把培训动机作为个人认为培训有用而想获得培训机会的意愿强度。在培训前的培训动机不同于以往研究中所用的培训情境下的学习动机,是指个人想参加培训并通过培训发展自己的知识、技能、能力的愿望,而学习动机是个人期望在某个培训项目中学习到一定内容的渴望程度。④ 在近些年的研究中被广泛使用的一个定义是诺埃提出的,诺埃把培训动机描述为"培训对象想习得培训项目内容的一种特别愿望"⑤。希克斯(Hicks)和克里姆斯基(Klimoski)定义"培训动机是培

---

① R. A. Noe, and N. Schmitt, "The Influence of Training Attitudes on Training Effectiveness: Test of a Model", *Personnel Psychology*, Vol. 39, No. 3, 1986, pp. 497-523; J. Mathieu, S. Tannenbaum and E. Salas, "Influences of Individual and Situational Characteristics on Measures of Training Effectiveness", *Academy of Management Journal*, Vol. 35, No. 4, 1992, pp. 828-39.

② R. A. Noe, "Trainees' Attributes and Attitudes: Neglected Influences on Training Effectiveness", *The Academy of Management Review*, Vol. 11, No. 4, 1986, pp. 736-749.

③ T. Maurer and B. Tarulli, "Investigation of Perceived Environment, Perceived Outcome, and Person Variables in Relationship to Voluntary Development Activity by Employees", *Journal of Applied Psychology*, Vol. 79, No. 1, 1994, pp. 3-14.

④ P. Tharenou, "The Relationship of Training Motivation to Participation in Training and Development", *Journal of Occupational and Organizational Psychology*, Vol. 74, No. 5, 2001, pp. 599-622.

⑤ R. A. Noe, "Trainees' Attributes and Attitudes: Neglected Influences on Training Effectiveness", *The Academy of Management Review*, Vol. 11, No. 4, 1986, pp. 736-749.

训对象在培训中学习课程内容时所付出的努力"①。琼斯认为培训动机是在培训中学习行为的倾向、意图和持续。② 在对培训动机的研究中，大部分研究者都使用诺埃和威尔克所开发的包含17个问题的5点量表作为工具③，以测量培训动机的强度。从量表的项目内容可以看出，量表实际要测量的是培训对象在培训中的学习动机强度，也就是诺埃所界定的"培训对象想要掌握培训内容的愿望"。这与培训前的参与动机内容是不一样的。另外需要提及的还有研究者将培训动机建立在自我效能感的基础上，有的研究者认为培训动机具有多维度的结构，将其界定为自我效能感和工具取向的复合④。克拉克（Clark）等的研究表明以前的培训经历和从培训中获得的收益是很好的培训参与驱动因素。⑤ 戈尔茨坦等则认为是员工自己那种希望通过自己的努力完成有挑战性的工作、达到某种目标的愿望激励着员工参加培训。⑥ 马蒂厄（Mathieu）和马蒂诺（Martineau）指出培训前动机是一种来自期望的动机，是雇员努力加入培训的一种愿望，是效价、工具、期望的综合。⑦

在国内有关培训动机的研究不多。王洪江、肖占安根据有关资料和调查，认为与职工培训有关的需要主要有以下两类：一类是物质需要，包括获得较高的工资奖金，有职业保障，有与晋升有关的住房、待遇等；一类是精神需要，包括进入某一向往的群体（层次）的需要，

---

① William D. Hicks and Richard J. Klimoski, "Entry into Training Programs and Its Effects on Training Outcomes: A Field Experiment", *Academy of Management Journal*, Vol. 30, No. 3, 1987, pp. 542-553.

② Jason Edward Jones, "Self-determination Theory as a Model for Motivation in a Training Context", The University of Oklahoma, Dissertation for Ph. D degree, 2002, p. 2.

③ R. Noe and S. Wilk, "Investigation of the Factors that Influence Employees Participation in Development Activities", *Journal of Applied Psychology*, Vol. 78, No. 2, 1993, pp. 291-302.

④ S. Guerrero and B. Sire, "Motivation to Train from the Workers' Perspective: Examlple of French Companies", *International Journal of Human Resource Management*, Vol. 12, No. 6, 2001, pp. 988-1004.

⑤ C. Clark, G. Dobbins and R. Ladd, "Exploratory Field Study of Training Motivation", *Group & Organisational Management*, Vol. 18, No. 3, 1993, pp. 292-307.

⑥ 戈尔茨坦、伏特：《组织中的培训》，常玉轩译，清华大学出版社2002年版。

⑦ J. Mathieu and J. Martineau, "Individual and Situational Influences in Training Motivation", in J. Kevin Ford et al., eds, *Improving Training Effectiveness in Work Organizations*, Mahwah, NJ: Lawrence Erlbaum, 1997, pp. 193-223.

希望自己有实力、有信心、有名誉、有威望,受到别人赏识、关心、重视、高度评价,充分发挥自己的潜力,不断做出新成绩等。①

通过对有关研究的综述,可以发现个人的态度、动机会对培训的学习效果、迁移效果产生影响,也直接影响到培训的收益。在成人教育理论中,动机包含两个要件:一个是动机的内容,一个是动机的强度。从动机的内容来看,一些著名的研究分析了教育参与的动机因素,并归纳出不同的动机类型,我们可以根据相似的思路探讨分析中国的组织培训中培训对象的动机类型,这些动机类型对于深刻认识教育参与者、改进教育设计都有重要意义。

有关培训动机的研究,更多的是以管理者作为研究对象的。很少有研究探讨我国公务员个人的培训动机。而公务员是一个规模庞大且具有特点的群体,有必要对公务员这一群体的培训参与动机进行探讨,为深入研究培训动机打下基础,也为培训设计和管理的改进提供理论支持。

基于对以往研究、文献的回顾和分析,根据本研究所要回答的问题,提出以下研究假设:

假设1:驱动公务员参加培训的因素是多种多样的。

假设2:公务员参与培训的驱动因素可以归为有限的若干个动机取向。

假设3:单个公务员培训参与动机是由多个动机取向构成的。

三、研究过程

本研究通过三个阶段达到研究目的。

第一阶段:收集整理动机因素形成预测试问卷。用开放问卷收集公务员参与培训的动机因素,检验假设1。将第一阶段所得到的动机因素整理,形成动机项目,用得到的动机项目构成"预测试问卷"。

---

① 王洪江、肖占安:《建立培训激励体系的思考》,《现代企业教育》2002年第4期。

第二阶段:预测试。用预测试问卷进行预测试,对问卷中的项目进行项目分析和探索性因素分析,得出若干因子;根据各因子的相关项目,对因子命名,形成公务员培训参与动机的取向,检验假设2。然后把各动机取向包含的动机项目提取出来构成"公务员培训参与动机调查问卷"。

第三阶段:正式测试。用"公务员培训参与动机调查问卷"进行调查。然后根据调查所得数据进行信度和效度分析,并检验假设3。

在本研究中,公务员指中央和地方各级国家行政机关中依法行使国家行政权力、执行国家公务的所有工作人员(除工勤人员以外)。本研究所研究的公务员都是指我国的公务员。培训参与动机是多种动机因素综合而成的倾向,标示个人参与培训活动和拥有培训经验的一种意愿。培训参与动机取向指培训参与动机的诸多构成因素中相近或相关的因素聚集成若干个动机因素群。这些动机因素群分别用能显示群内因素共性的概括性词语来命名。把这样的动机因素群称为培训参与动机取向。

下面分别介绍各个阶段的研究对象和研究工具及结果。

(一)第一阶段

(1)样本。第一阶段收集动机因素时,选取北京、昆明、深圳三个地区的共10个行政单位进行了访问和问卷调查。其中包括部级单位1个、厅级单位3个、处级单位6个。在10个单位各发放开放式问卷6份,共发放60份,回收有效问卷60份,问卷有效回收率为100%。样本中对于各种年龄段、学历、行政级别均有选取。

(2)工具。第一阶段的研究工具是自编制的开放式问卷——"公务员培训参与动机因素调查问卷(第一阶段)"。问卷包含问题:"有哪些因素驱动您愿意参加或期望参加单位的各种培训活动?请您尽量列举出这些因素。"为了使调查对象能正确理解问卷的问题,研究者在发放问卷前与每个被调查对象进行沟通,对研究的目的、过程、问卷的意思、填写要求进行说明。

(3)第一阶段调查结果。通过开放式问卷收集条目,将所收集的条目进行汇总,合并意义相同的条目,整理出项目反应频数在 1 以上的条目 83 个。检查反映同一内容的条目之间是否重复,审查内容是否正确、清晰地反映了公务员培训参与动机的有关因素。把这 83 个条目列出,经由专家小组(由 2 名人力资源管理博士、1 名心理学博士、2 名行政机关人事管理者组成)讨论、归纳并结合以往研究的状况形成了 32 个项目,将这 32 个项目以随机排列的形式编排制定成"预测试问卷"。

(二)第二阶段

(1)样本。该阶段选取了北京、深圳、昆明 12 个行政单位的公务员样本进行预测试。与前一阶段相比,新增厅级单位 1 个、处级单位 1 个。单位结构为部级单位 1 个、厅级单位 4 个、处级单位 7 个。12 个单位共发放问卷 300 份,回收 235 份,有效问卷 228 份,问卷有效回收率为 76.0%。

(2)工具。预测试时所使用的调查工具是根据开放式问卷整理出的"预测试问卷"。预测试问卷包括基本信息和培训参与动机两个部分。基本信息包括年龄、学历、行政级别、行政部门工作年限四个方面。参与动机部分是根据第一阶段开放问卷调查的结果,经过专家和专业人员的讨论形成 32 个动机因素项目,然后将这些项目随机排列。动机预测试问卷采用李克特(Likert)4 点评定法(1.完全不符合。2.有点不符合。3.有点符合。4.完全符合。)测量,要求被试在 4 个等级上做出选择。问卷由各单位的人事部门管理人员发放和收集,由发放人员在发放现场指导调查对象填写问卷并当场收集。

(3)动机因素分析结果。首先,对预测试问卷进行项目分析。采用鉴别指数,抽取总样本为 228 人,高分组为问卷得分排序的前 27%(62 人),低分组为后 27%(62 人)。对两组在各项目上的得分进行 t 检验,动机因素的 32 个项目都达到了 0.01 水平显著,通过检验。然后,进行探索性因素分析。对预测试样本数据进行 KMO 测量和 Bartlett 球形检验。KMO 值为 0.840,说明本研究的取样比较适当;

从 Bartlett 球形检验的结果来看,在 0.000 水平上显著,表明适合对数据进行因素分析。

对预测试样本 228 人的数据进行探索性因素分析,进行最大变异正交旋转,抽取因子时限定特征根值大于 1,共得到 6 个因子:F1、F2、F3、F4、F5、F6。累积方差贡献率为 63.564%。各因子的特征值及方差解释量见表 2。

表 2 预测试数据各因子的特征根值及方差解释量

因子	特征根值	方差解释量(%)	累积方差解释量(%)
F1	4.737	23.686	23.686
F2	2.151	10.753	34.439
F3	1.806	9.032	43.472
F4	1.640	8.198	51.669
F5	1.265	6.324	57.993
F6	1.114	5.572	63.564

再检查各个项目中因子的负荷量,对 32 个项目进行筛选。删除因子负荷较小、多重负荷的项目,保留相关性较大的项目,最终得到 20 个项目(如表 3 中所列项目)。因子的负荷量均在 0.500 以上(因子负荷显示了某一项目与某一因子的相关性),各项目的共同度都超过了 0.500(共同度代表了每一项目的变异中有多少部分能被各因子所解释),说明能够解释观测变量的大部分变异,而且各个因子所包含的项目意义接近。因子负荷量和共同度见表 3。

表 3 动机因子负荷量共同度

因子	项目	因子负荷量						共同度
		F1	F2	F3	F4	F5	F6	
F1	V4 为实现组织的目标	0.773						0.743
	V5 组织文化的影响	0.749						0.629
	V3 组织制度规定	0.749						0.627
	V22 适应组织机构改革	0.718						0.608

续表

因子	项目	因子负荷量						共同度
		F1	F2	F3	F4	F5	F6	
F2	V12 服从上司的安排		0.758					0.517
	V29 与更多的人交往		0.718					0.683
	V18 增进与同事的关系		0.619					0.610
F3	V28 获得更多的外部信息			0.698				0.659
	V16 适应社会环境变化			0.594				0.624
	V32 社会知识技术进步的要求			0.586				0.693
F4	V25 获得自我满足感				0.64			0.569
	V13 提高自身综合素质				0.585			0.536
	V20 对新鲜事物有好奇心				0.552			0.515
F5	V21 获得更多的晋升机会					0.761		0.630
	V9 为可能的工作变动做准备					0.759		0.609
	V15 实现自己的职业生涯规划					0.545		0.535
F6	V14 自己的工作技能欠缺						0.81	0.719
	V13 目前的工作中存在难题						0.685	0.617
	V8 达到更高的绩效						0.539	0.569
	V6 所在岗位任职资格要求						0.517	0.558
方差解释量(%)		23.686	10.753	9.032	8.198	6.324	5.572	

本次分析因子累积方差解释量达到63.564%,符合研究要求。在共同度方面,所有项目都在0.500以上,而且,各因子所包含的项目意义相关性较大。根据各因子所包含的项目的具体内容和含义,将因子F1、F2、F3、F4、F5、F6分别命名(见表4)。

表4 六个因子的命名及所含项目列表

因子	项目	解释	因子命名
F1	V4 为实现组织的目标	这些项目都与组织相关。公务员受到多个组织因素的影响。	F1:组织影响
	V5 组织文化的影响		
	V3 组织制度规定		
	V22 适应组织机构改革		
F2	V12 服从上司的安排	这些项目与人际关系、社会关系有关。	F2:人际关系
	V29 与更多的人交往		
	V18 增进与同事的关系		

续表

因子	项目	解释	因子命名
F3	V28 获得更多的外部信息 V16 适应社会环境变化 V32 社会知识技术进步的要求	这些项目明显与各种社会因素相关。	F3:社会环境
F4	V25 获得自我满足感 V13 提高自身综合素质 V20 对新鲜事物有好奇心	从个体内部出发,内部的兴趣爱好驱动。	F4:认知兴趣
F5	V21 获得更多的晋升机会 V9 为可能的工作变动做准备 V15 实现自己的职业生涯规划	这些项目与个人职业的发展相关。	F5:职业发展
F6	V14 自己的工作技能欠缺 V31 目前的工作中存在难题 V8 达到更高的绩效 V6 所在岗位任职资格要求	这些项目都与所在岗位的要求、本职工作有关。	F6:本职工作

六个因子的累积方差解释率为 63.564%,根据各因子相关联的动机项目内容和含义,将 F1、F2、F3、F4、F5、F6 分别命名为组织影响、人际关系、社会环境、认知兴趣、职业发展、本职工作,形成培训参与动机的六个维度,称为六种动机取向。由这六个维度所含的 20 个动机项目共同构成总的动机问卷。将这 20 个项目交叉排列,编制成正式的"公务员培训参与动机调查问卷"。

(三)第三阶段

(1)样本。第三阶段测试仍在前一阶段所述 12 个行政单位中进行,为避免前一阶段测试对本阶段的影响,选取正式测试样本时,是在排除了前一阶段被试的样本框内进行选取的。共发放问卷 160 份,回收 140 份,保留有效问卷 135 份,问卷有效回收率 84.3%。样本中对于各种年龄段、学历、行政级别均有选取。

(2)工具。正式测试使用的工具是"公务员培训参与动机调查正式问卷"。问卷由组织影响、人际关系、社会环境、认知兴趣、职业发展、本职工作共六个维度构成,包含 20 个动机项目,其中 F1 组织影响取向包含4个项目(分别为:为实现组织的目标、组织文化的影响、组织制度规定、适应组织机构改革);F2人际关系取向包含3个项目(分别为:服从上司的安排、与更多的人交往、增进与同事的关系);F3社会环境取向包含3个项目(分别为:获得更多的外部信息、适应社会环境变化、社会知识技术进步的要求);F4认知兴趣取向包含3个项目(分别为:获得自我满足感、提高自身综合素质、对新鲜事物有好奇心);F5职业发展取向包含3个项目(分别为:获得更多的晋升机会、为可能的工作变动做准备、实现自己的职业生涯规划);F6本职工作取向包含4个项目(分别为:自己的工作技能欠缺、目前的工作中存在难题、达到更高的绩效、所在岗位任职资格要求)。采用李克特(Likert)4点评定法(1.完全不符合。2.有点不符合。3.有点符合。4.完全符合。)测量。另外,问卷中还收集了年龄、学历、行政级别、行政部门工作年限四个方面的基本信息。

（3）信度、效度检验。首先进行信度检验。采用克朗巴哈一致性系数(Cronbach-α)来检验六个部分的信度和整个问卷的信度。结果如表5所示。此外,还对问卷表进行了分半信度检验。进行分半信度检验时,按照问卷的项目的顺序,以奇偶题号分成两半,再做相关检验。结果总问卷的分半信度系数是0.8164,表明问卷具有很好的信度。问卷总体的分半信度和内部一致性信度分别为0.8164和0.8662,表明自编制的公务员培训参与动机问卷测量是稳定的。

表5 公务员培训参与动机调整正式问卷信度($n=135$)

问卷名称	Cronbach-α
组织影响部分	0.8131
人际关系部分	0.7559
社会环境部分	0.7851
认知兴趣部分	0.7175
职业发展部分	0.8238
本职工作部分	0.7784
总问卷	0.8662

其次,进行效度分析。对正式问卷内容效度和结构效度进行分析。选用内容效度来评估动机项目的适当性。在预测分析中已经对问卷的内容进行了基本评定,正式问卷形成后,再次请有关专家、公务员人事管理者等进行评定。评定标准包括:符合当前公务员培训参与动机内容范围并具有代表性;语句简洁明了、通俗易懂;适于我国公务员的组织环境和社会环境。结果表明,该培训参与动机问卷基本适于对我国公务员进行调查。

本研究采用因素分析对结构效度进行检验。采用最大变异正交旋转,抽取特征根值大于1的因子,选取因子负荷量大于0.50的项目。共得到6个因子,即M1、M2、M3、M4、M5、M6,方差解释量分别为24.74%、10.20%、9.43%、6.97%、6.39%、5.67%。累积方差解释量达63.40%。根据因子负荷矩阵,6个因子的结构以及各个因子所对应的动机项目,都与编制问卷的理论维度和预测结果表现出较高吻合,这说明本问卷具有较好的结构效度,且证实了预试结果。具体结果见表6。

表6 正式问卷效度检验所得特征根值及方差解释量

因子	特征根值	方差解释量(%)	累积方差解释量(%)
M1	4.949	24.74	24.74
M2	2.04	10.20	34.94
M3	1.886	9.43	44.37
M4	1.393	6.97	51.34
M5	1.277	6.39	57.72
M6	1.134	5.67	63.40

(4) 结果。首先看培训参与动机的整体趋势。为了解分析样本总体的培训参与动机的整体趋势,对公务员培训参与动机问卷各个部分的平均分进行统计分析,以明确这些因子之间的相对重要性。结果见表7。

第四章　人员的培训与开发方法研究案例

表7　各动机取向部分得分均值

	有效样本	最小值	最大值	均值	标准差
组织影响部分	135	1.00	4.00	3.276	0.666
人际关系部分	135	1.00	4.00	3.041	0.647
社会环境部分	135	1.00	4.00	3.087	0.7759
认知兴趣部分	135	1.00	4.00	2.943	0.8037
职业发展部分	135	1.00	4.00	3.244	0.6997
本职工作部分	135	1.00	4.00	3.255	0.5830

从统计结果来看，在六种动机取向当中，组织影响取向的平均分最高，其他依次为本职工作、职业发展、社会环境、人际关系、认知兴趣。平均值最低的是认知兴趣取向。在六个动机取向上，有五个取向的均值都高于3.0，只有认知兴趣的均值低于3.0。也就是说，从总体上来看，有三个取向的动机水平都较高（高于3.200），它们是组织影响、本职工作、职业发展。而认知兴趣的动机水平在各取向中是最低的。

其次，再分析公务员的动机构成。为了进一步分析公务员在不同参与动机构成类型上的分布，在统计中又根据样本在六个部分的得分，计算其参与培训的主要动机。把样本个体在六个不同动机取向中得分最高者看作是其主要动机。如果只有一个动机取向的平均分高于3.0，其他动机取向平均分均低于3.0，就认为该个体属于单一动机类型。但是如果个体在两种或两种以上的动机类型中得分都高于3.0，就全部列入主要动机，认为个体属于复合动机类型。如果样本个体的所有动机取向平均分都低于3.0分，就将其看作是无主要动机者。统计结果见表8。

表8　不同动机构成类型的公务员样本得分均值、标准差及 F 值

	频数	百分比	问卷总分均值	标准差	F 值	p 值
单一动机类型者	18	13.30%	62.500	8.240	10.145	0.000
复合动机类型者	114	84.40%	64.451	8.087		
无主要动机类型者	3	2.20%	46.250	2.872		

从统计结果来看,复合动机类型者占大多数,单一动机类型者较少,而无主要动机类型者极少,只占 2.2%。从这三类动机构成类型来看,复合动机类型者的总分均值较高,无主要动机类型者的总分均值最低。单一动机类型者的总分均值低于复合动机类型者,但相差不大。方差分析结果显示,三类动机构成类型在问卷总分均值上存在显著差异(p 值为 0.000)。由此可以认为具有复合动机取向的公务员在培训参与动机水平上高于单一动机取向的公务员,而具有显著动机取向的公务员的培训参与动机水平要明显高于无主要动机的公务员。从抽样得到的情况看,无主要动机者所占比率极小。

四、结论与讨论

通过访问和开放式问卷收集驱动因素,再对各种因素进行分析整理,得出项目反应频数在 1 以上的条目 83 个。这就说明有着各种各样的、众多的因素在驱动着公务员参加培训。这也就说明了研究假设 1 是成立的,即公务员参与培训是由多种动机因素驱动的。

通过探索性因素分析,根据因子特征值、共同度、因子负荷等统计结果,抽取了 6 个因子,共 20 个项目。根据 6 个因子相关项目的内容,对 6 个因子进行命名,形成公务员培训参与动机的六个取向,分别是组织影响、人际关系、社会环境、认知兴趣、职业发展、本职工作。研究假设 2 成立,即公务员参与培训的动机可以分为六个动机取向(或动机类型)。

在对样本得分进行分析的基础上可以发现,大多数公务员都属于复合动机类型者。也就是说虽然存在少数公务员培训参与动机取向单一,但绝大多数公务员的培训参与动机中有两个以上的动机取向在起着主要驱动作用。进而也在一定程度上验证了假设 3。

通过分析各个因子的相关动机项目,可以把这六个动机取向所包含的意思进行总结。

组织影响:参与培训是受到组织层面因素的影响和驱使,如组织有关培训的规定、组织的文化氛围、组织变革的要求、组织的指派。

人际关系:把参加培训作为发展和改善人际关系的手段。这里的人际关系既包括与组织内部成员的关系,也包括与组织外部人员的关系。

社会环境:对社会发展变迁而产生的刺激做出的回应,因这种回应引起的参与培训的动机。

认知兴趣:基于对培训的兴趣、好奇,为追求知识而学习引发的参与培训的动机。

职业发展:为追求个人职业发展或职业层次提高而参加培训的动机。

本职工作:为了胜任本岗位,并追求在本岗位的出色表现而参加培训。

将本研究得到的六个培训参与动机取向与成人教育参与动机的研究结果进行比较。如表9所示,本研究中抽取的公务员培训参与动机取向分类与成人教育理论有相似的地方,公务员的培训参与动机中也存在认知兴趣、人际关系、社会环境、职业发展这类取向。但相对于一般的成人教育来说,公务员培训参与动机也有不同的方面,组织影响、本职工作这两个取向就是有关成人教育的研究中所没有提到的,而且这两类动机取向的得分是最高的,或者说是在培训参与动机中起着最重要作用。在公务员培训参与动机中,组织影响、本职工作这两个取向是与公务员培训的特点相关联的。公务员的培训绝大多数都是由单位根据有关规定或指示来组织实施的,培训内容都是与单位、与工作紧密相关,而且在多数情况下公务员参加培训是由单位硬性规定的,也是任职、考评、晋升的必要条件。因此,符合组织的要求、符合岗位的要求就成为公务员培训参与动机的构成成分,而且是最重要的构成成分。

表9 本研究分类与成人教育理论中相关分类的比较

谢菲尔德的分类	博舍尔的分类	本研究中公务员培训参与动机的分类
学习取向	认知兴趣	认知兴趣
活动欲望取向	社交接触	人际关系
活动需求取向	社会刺激	社会环境

续表

谢菲尔德的分类	博舍尔的分类	本研究中公务员培训参与动机的分类
个人目标取向	职业发展	职业发展
社会目标取向	社区服务	本职工作
	外界期望	组织影响

如果从内部动机和外部动机的分类来看,在这些取向中,认知兴趣取向属于内部动机,而其他五个取向都属于外部动机。结合在正式测试中各取向部分的得分来分析,属于内部动机的认知兴趣取向是得分最低的,认知兴趣取向的动机水平低于其他动机取向。这反映出现在的公务员参与培训的动机很少来自对学习本身的兴趣、对知识的渴望,而是受到外部的压力和刺激去参加培训。从外部动机的构成及得分来分析,组织影响、本职工作是最主要的动机构成,但这两类动机取向都是在适应外部的硬性需要,此类动机的内化程度不高。内部动机水平较低,外部动机内化程度不高,可能是造成公务员培训效果不佳的原因。进一步分析造成公务员培训参与动机中内部动机较低的原因,是由以前的培训项目设计造成的。在访问中笔者了解到,很多行政单位的培训项目单一,培训不具有可选择性,培训过程枯燥、走形式。公务员对培训有了这样的消极认知,就会对其内部动机产生消极影响。根据以往的研究,内部动机的激发会产生高质量的学习与创造力。对内部动机的消极影响就会降低培训的效果。因此要提高公务员的培训效果,一个方面就是要激发公务员参与培训的内部动机。而手段则是设计更符合公务员认知规律、学习规律的培训项目。

其次,在研究中发现的动机因素也值得我们注意。其中一点就是人际关系取向中的一个项目:"服从上司的安排"。在初次做探索性因素分析时,这一项目就和"与更多的人交往""增进与同事的关系"这两个较明显的人际关系取向的项目聚在一起。该项目中虽没有直接提到"交往""关系"这类字眼,但始终和其他人际关系的项目紧紧联系在一起。形成这种状况的原因是,公务员在按照上司的要求或命令去参加某些培训项目时,并没有把服从上司的安排视为组织的安排或指派,而是把"服从上司的安排"视为与领导搞好关系的手段。用社会学中的交换理论来分析,公务员个体特别是级别较低的公务员,用"服从"来和上司进行交换,换取和上司的良好关系,进而谋得发展。从这个角度可以解释"服从上司的安排"这个项目在刚开始分析时就和其他明显的人际关系类项目聚合在一起。这种倾向在行政机关的管理中值得警惕。

另外,在预测试问卷中有一个项目是"参加培训是自己的权利",该项目在因素分析中没有与任何因子有明显的相关,在项目的相关矩阵中,该项目与其他的项目都没有相关,因而未列入正式调查问卷。该项目均值不高,小于 3.0。从而可以认为大多数公务员都没有把"参加培训是自己的权利"视为一项有影响力的培训动机。也就是说,公务员中还没有形成这样一种思想:参加培训是作为劳动者、作为公务员的权利。这与前面讨论的项目"服从上司的安排"形成了一定的对照。"参加培训是自己的权利"的动机水平还没有与上司建立良好关系这样的动机水平高。这也从一个侧面说明,有的公务员把参与培训作为实现工作以外一些目的的手段或工具,而不是对培训本身或培训的内容感兴趣。类似的看法会直接影响受训者的学习效果,进而影响培训效果。

公务员工作生活的社会环境的复杂性、个人需求的多样性都是形成这些状况的原因。既符合组织需要也符合公务员个人需要的培训项目,才能切实收到较好的培训效果。因此,在管理和设计培训项目时深入研究公务员的培训动机,分析公务员参与培训的需求,通过多种方式激发公务员参与培训的积极性是提高公务员培训效果和效益的必由之路。

案例来源:饶伟国、肖鸣政:《公务员培训参与动机分析》,《管理世界》2007 年第 10 期,第 57—63、74 页。(有删改)

人力资源管理研究方法与案例分析

【案例点评(一)】

本例的研究内容是公务员的培训参与动机,以问卷法为主要研究方法,展示了探索性分析的研究过程。

在研究开始之前需要对相关概念进行界定,往往采用文献法总结前人的观点和研究思路,并根据本研究的目的和操作实际进行调整。本例中的核心概念是培训动机,在总结动机概念的基础上,本例参考与培训动机较为接近的成人教育动机研究,得到了一定的启示。当关于研究内容的前人研究并不充分时,参考类似内容的研究同样有价值,如关于成人参与教育动机的研究就为人力资源管理领域中对培训的研究提供了重要基础,可以根据分析教育参与的动机因素和归纳动机类型的思路探讨中国条件下的培训对象的动机类型。在研究对象上,本例选择了当前国内鲜有研究的公务员,这也增加了本研究的理论意义和现实意义。值得一提的是,本例对公务员、培训参与动机、培训参与动机取向等概念进行了精准的限定,研究的严谨可见一斑。在文献回顾和分析的基础上,提出了三个研究假设。

本例的研究过程分为三个阶段,每个阶段对应一个假设,三个阶段环环相扣,步步推进。第一阶段是为了获取动机因素,通过开放式问卷进行,整理得到动机项目,编排得到第二阶段使用的预测试问卷。开放式问卷是前期获得因素的有效工具。在调查时,与调查对象充分沟通、解释并说明填写的要求往往可以得到更多的有效信息。在初步得到条目后,对条目进行汇总,合并意义相同项,整理出频数在1以上的条目,再审查其正确性和准确性,最终由专家小组讨论、归纳并结合以往研究形成32个项目,组成第二阶段的问卷。在第二阶段,目的是通过预测试,对问卷中的项目进行探索因素分析,即得出因子并命名,形成培训参与动机的取向。进行动机因素分析时,首先采用鉴别指数将问卷分出高分组和低分组,并做 t 检验。经由 KMO 测量和 Bartlett 球形检验确认取样是否适当,是否适合进行因素分析。分析后共得到六个因子,并对32个项目进行筛选,删除因子负荷较小、多重负荷的项目，保留相关性较大的项目，最终得到20个项目。再根据各因子所包含项目的意义相关将六个因子命名。第三个阶段是正式测试，对培训参与动机问卷的信度、效度进行分析。在样本选择上，仍在前一阶段所述12个行政单位中进行，为避免前一阶段测试对本阶段的影响，选取的正式测试样本是在排除了前一阶段被试的样本框内抽取的。在信度分析上，分别对各因子即整个问卷的信度做了检验，此外还补充了问卷总体的分半信度。在效度分析上，选用内容效度来评估动机项目的适当性，由相关专家、从业者从代表性、通俗性、适用性等方面进行评价；结构效度则用因素分析检验。

对阶段三的数据进行分析，通过计算各因子的平均分，明确因子间的相对重要性。例如组织影响、本职工作、职业发展三个取向的动机水平都较高（高于3.200），而认知兴趣（唯一低于3.0）是取向中最低的。接着，本例对数据做了更进一步的挖掘。统计中根据样本在六个部分的得分，计算其参与培训的主要动机，把样本个体得分最高者看作是其主要动机，统计其动机构成，"如果个体在两种或两种以上的动机类型中得分都高于3.0，就全部列入主要动机，认为个体属于复合动机类型"。对不同动机构成的样本统计总分均值，并分析三类样本总分均值差异的显著性。得出"具有复合动机取向的公务员在培训参与动机水平上高于单一动机取向的公务员"等结论。

最后，本例重新梳理了研究得出的六个因子的含义，并与成人教育参与动机的研究结果进行比较，这也是与研究实施前的文献综述相呼应。此外，不仅得到的因子有意义，没能成为正式项目的"淘汰项"同样有现实意义。例如预测试问卷中"参加培训是自己的权利"项目与其他的项目都没有相关，未列入正式调查问卷，且该项目均值不高，小于3.0。这说明公务员将培训作为权利的意识不强。

本例较为完整地呈现了探索分析的过程，研究思路清晰，方法细致，有许多可借鉴之处。不过在样本量的问题上，由于第三阶段选择在与第二阶段相同的单位进行，为避免第二阶段的影响，正式测试时只能从未进行第二阶段测试的样本框中选择，以致正式测试的样本量较小。可以在初期进行研究设计时,充分考虑样本总量,进行合理的分配。

【案例思考(一)】

    1. 本例的研究内容是公务员的培训参与动机,在研究前研究者做了哪些铺垫?为何要参考成人教育动机的相关研究?

    2. 本例中出现了哪些问卷类型?在具体使用上有何不同?

    3. 三个测试阶段之间的逻辑关系是什么?为什么这样安排?

    4. 培训参与的动机因素是如何得到的?如何整理得到那32个条目?

    5. 第二阶段得到的32个项目是如何缩减为20项的?未能进入正式项目的题项是否还有价值?

    6. 问卷的信度和效度的检验方法是什么?检验分半信度的作用是什么?

    7. 第三阶段是如何从数据中获取信息的?分别对数据做了哪些处理?你还可以得到什么信息和结论?

第四章 人员的培训与开发方法研究案例

【案例呈现(二)】

影响饭店培训效果因素的实证分析

饭店业是旅游业三大支柱之一。如何做好培训工作,增强培训效果已成为我国饭店管理理论研究者和饭店经营管理人员关注的问题。其实,这一问题也是一道世界性难题。但是,传统的饭店培训理论及其研究仅集中于培训过程本身,而对培训过程之外的相关因素研究较少。这就无法很好地解释:"为什么饭店培训投入巨大,而收效甚小?"只有把培训过程之外的相关因素也考虑在内,才能全面地看待、思考和解决有关培训效果的问题。根据文献检索的结果,我们尚未发现对影响饭店培训效果因素的实证研究。因而,对此领域的实证研究无疑将会在理论上、实践上和方法上对饭店培训工作产生积极的作用,对我国饭店业甚至是旅游业的跨世纪发展有所裨益。本文主要介绍我们所做的实证研究和相关结论。

一、培训的定义

国内外学者对培训有不同的定义。根据文献资料和我们的实证研究,有必要重新给培训下一个比较完整、科学的定义:培训是由企业策划的、系统的、动态的学习过程,旨在通过转变员工的理念、改善员工的技能和态度,提高企业的效益。很明显,这里所下的定义包含以下几个要点:培训是一个动态的系统化过程,不是孤立的事件;这个过程是企业策划的,培训是在企业周详的组织与严密的控制下进行的,而不是不择时机地做出安排或简单套用以往的经验;培训无论对个人还是对团队来说,都应该包含转变管理的理念、改进技巧和工作态度;培训是以提高企业效益为根本目的的,致力于改进目前的和将来的工作绩效,并由此提高员工个人或小组、团队所效力的组织的效益。

培训虽是一个学习过程,但培训的根本目的在于提高企业效益。因此,培训效果不仅应包括员工培训学习的效果,也应包括员工受训后运用所学知识、改善工作绩效的效果。但由于"员工运用所学知识"观测难度很大,因此,笔者在本次研究中用"员工愿意运用所学知识"加以代替。当然,这是基于这样一种假设:在正常情况下,员工愿意在工作中运用所学知识,那么他/她就会运用这些知识。因而在本次研究中使用的培训效果的操作定义是"员工能学到所传授的知识并愿意在工作中加以运用",这一操作定义包括三个要点:员工能学到所传授的知识;员工愿意使用所传授的知识;它们是一个问题不可或缺的两个方面。据此,"培训效果"由两个问题即"员工能学到受训内容"(K1)和"员工愿意在工作中使用所学内容"(K2)组成。"培训效果"(SUM)的值就是二者的平均值,即 SUM = (K1+K2)/2。在无法判断 K1 和 K2 各自权数的前提下,二者取平均值虽不是最优方法,但也是一种可以接受的方法。

二、特雷西等人的研究

特雷西(J. Bruce Tracy)和特夫斯(Michael J. Tews)认为,对培训的看法历来集中于三点:培训需求的正式和系统的评估;以培训需求为基础,选择合适的方法去开展培训;运用不同的指标和策略对培训方案进行综合评估。但正如特雷西等人指出的,从培训本身来研究培训及其效果,这种角度是非常实用的,但其着眼点太狭窄。他们进一步指出,不仅培训过程本身的各种因素会影响培训效果,而且培训过程以外的相关因素也会影响培训效果。这些相关因素主要是两类:员工个人特点和工作环境。员工个人因素主要有三个方面:学习能力、学习态度和激励。工作环境因素包括工作特点、社会联系和组织体系。[①] 他们的研究无疑使饭店员工培训理论向前迈进了一大

[①] J. Bruce Tracy and Michael J. Tews, "Training Effectiveness: Accounting for Individual Characteristics and the Work Environment", *The Cornell Hotel and Restaurant Administration Quarterly*, Vol. 36, No. 6, 1995, pp. 36-42.

步。但是,他们的研究局限于文献研究而缺乏实证支持,也就无法较准确地指出各因素孰轻孰重,而且仅仅将调查(面谈)的对象局限于培训工作者,调查对象单一,难免看法会失之偏颇。康拉德(George Conrade)、伍兹(Robert H. Woods)和奈米尔(Jack D. Ninemeier)指出,很少有实证研究是关于接待业的培训工作的。有关培训方面的研究大多采取对管理人员进行访谈的方法。员工是企业的"内部顾客",而培训是企业为员工提供的"服务"之一,因此,由员工来评价饭店培训效果也是合理的研究角度之一。[①] 所以,笔者采用问卷调查的方式,通过统计分析,根据普通员工看法,找出影响饭店培训效果的因素并探讨这些因素对培训效果的影响。

三、研究方法

本次研究采用问卷调查方式收集数据,然后使用 SPSS 10.0.1 软件对数据进行分析。数据分析及随后的研究主要包括:归纳出影响培训效果的几类因素,分析各类因素对培训效果影响的差异;详细探讨每一类因素的构成;分析每类因素的构成成分对培训效果的影响。

本次研究选择广州一家由国际著名饭店集团管理的五星级饭店。2000 年 11 月,我们在该饭店人力资源部协助下,对该饭店的普通员工进行了一次问卷调查。本次研究采用方便样本的抽样方式:将问卷放入信封,请饭店人力资源部的有关主管把它们发放给各部门的普通员工,如实填写,填好的问卷封入原信封内交回。本次研究共发放了问卷 155 份,回收 145 份,回收率 93.4%。为保证统计分析的效果,剔除了 26 份无效问卷,最后得到有效问卷 119 份,有效回收率 76.77%。为了避免出现较大的样本偏差,我们对收回问卷中的员工个人资料进行统计后,请该饭店人力资源主管对样本概况进行了复查,确认样本构成(如表 1 所示)与该饭店员工构成特征基本一致。

---

① George Conrade, Robert Woods, Jack Ninemeier, "Training in the U.S Lodging Industry: Perception and Reality", *The Cornell Hotel and Restaurant Administration Quarterly*, Vol. 35, No. 5, 1994, pp. 16-21.

表1 样本概况（$N=119$）

	人数	百分比(%)	累积百分比(%)
性别			
男	25	21.0	21.0
女	94	79.0	100.0
工作部门			
前台部	17	14.3	14.3
客房部	52	43.7	58.0
餐饮部	44	37.0	95.0
其他	6	5.0	100.0
受教育程度			
初中以下	4	3.4	3.4
初中	7	5.9	9.2
高中	62	52.1	61.3
中专	17	14.3	75.6
大专	22	18.5	94.1
本科	7	5.9	100.0
本科以上	—	—	
工作时间			
1年以下	14	11.8	11.8
1年到3年	24	20.2	31.9
4年到6年	29	24.4	56.3
6年以上	52	43.7	100.0

我们对回归分析中将使用的因变量"培训效果"(SUM)的两个构成指标K1和K2，用克朗巴哈（Cronbach-α）信度系数法进行了信度分析，所得到的α系数为0.7900，因此，用K1和K2平均的办法求SUM是有根据的，信度较高（$\alpha>0.7$）。经因子分析后，我们也对各因子的组成变量进行了信度分析，所得到的α系数中，最小值为0.7988，最大值为0.9319，信度较高；整个因子结构的信度分析所得的α系数为0.9520。

四、数据分析结果

主成分分析是简化数据结构的一种常用分析法。它将原来的众多变量转化为相互独立的几个综合变量(主成分),这几个少数的变量可以反映原来众多变量的大部分信息。而因子分析可以看成是主成分分析的一种推广。我们使用 SPSS 10.0.1 软件进行了主成分分析法的因子分析。

表2 F1 和 F2 因子分析结果一览表

	因子载荷	变量的共通性	因子	特征值	方差贡献率(%)	累积方差贡献率(%)	Cronbach-α值
导师教学	0.822	0.708	F1 培训过程本身影响培训效果的因素	10.334	34.183	34.183	0.9319
培训教材	0.765	0.655					
培训方法	0.761	0.628					
制定目标	0.751	0.724					
拟定程序	0.729	0.687					
确定内容	0.708	0.683					
确定人员	0.697	0.642					
确定部门	0.676	0.658					
课程设计	0.674	0.513					
培训时间	0.642	0.435					
组织体系激励	0.802	0.700	F2 培训过程之外影响培训效果的因素	1.620	28.732	62.915	0.9175
学习态度	0.786	0.632					
鼓励参与	0.780	0.640					
结合特点	0.699	0.599					
管理人员激励	0.696	0.610					
评估预期	0.630	0.613					
学习能力	0.621	0.561					
考核成绩	0.621	0.666					
员工考评	0.602	0.597					

如表2所示,19个变量进行主成分分析法因子分析后,以特征值大于1,得到2个因子,即"培训过程本身影响培训效果的因素"(简

称 F1)和"培训过程之外影响培训效果的因素"(简称 F2)。此后,分别对 F1 的 10 个变量和 F2 的 9 个变量,用指定因子个数的办法进行主成分分析法的因子分析。如表 3 所示,F1 的 10 个变量呈 2 因子结构:"培训准备"(简称 F1_1)和"培训实施"(简称 F1_2)。如表 4 所示,F2 的 9 个变量呈 3 因子结构:"工作环境"(简称 F2_1)、"互动评估"(简称 F2_2)和"员工个人特点"(简称 F2_3)。

表 3　F1 因子分析结果一览表

	因子载荷	变量的共通性	因子	特征值	方差贡献率(%)	累积方差贡献率(%)	Cronbach-α 值
确定人员	0.855	0.722	F1_1 培训准备	6.265	38.324	38.324	0.9053
确定内容	0.740	0.710					
拟定程序	0.797	0.710					
制定目标	0.699	0.739					
培训时间	0.694	0.518					
确定部门	0.676	0.671					
课程设计	0.844	0.752	F1_2 培训实施	0.761	31.939	70.263	0.8665
培训教材	0.803	0.755					
培训方法	0.679	0.655					
导师教学	0.656	0.687					

表 4　F2 因子分析结果一览表

	因子载荷	变量的共通性	因子	特征值	方差贡献率(%)	累积方差贡献率(%)	Cronbach-α 值
结合特点	0.820	0.807	F2_1 工作环境	5.448	28.339	28.339	0.8612
组织体系激励	0.740	0.765					
管理人员激励	0.734	0.727					
鼓励参与	0.578	0.627					
员工考评	0.851	0.842	F2_2 互动评估	0.799	26.157	54.496	0.8659
考核成绩	0.796	0.825					
评估预期	0.708	0.724					
学习态度	0.843	0.837	F2_3 员工个人特点	0.694	22.634	77.130	0.7988
学习能力	0.807	0.788					

表 5　回归分析结果

自变量显著性检验					方程分析		
	自变量	Beta	T	Sig.	R^2	F	Sig.
方程一 SUM = 4.189+0.254F1+0.397F2	F1 F2	0.392 0.612	6.158 9.606	0.000 0.000	0.512	65.102	0.000
方程二 SUM = 4.189+0.270F1_1+0.277F1_2	F1_1 F1_2	0.417 0.428	5.598 5.742	0.000 0.000	0.357	32.154	0.000
方程三 SUM = 4.189+0.314F2_1+0.310F2_2 　　　+0.185F2_3	F2_1 F2_2 F2_3	0.485 0.479 0.286	7.713 7.612 4.543	0.000 0.000 0.000	0.546	46.030	0.000

因子分析实际上是将全部原始变量信息综合在因子上。在进行深入的统计分析时,常常又可以把样本的因子得分当作初始变量,再应用其他统计方法做进一步分析。我们运用多重线性回归法,分析自变量 F1 和 F2 与因变量 SUM(即"培训效果")之间关系的强度。标准回归系数的大小证明了在消除度量单位的影响之后,自变量对因变量的影响大小。标准回归系数的绝对值越大,该变量的影响就越大。如表 5 所列,F1 和 F2 的标准回归系数分别为 0.392 和 0.612。与 F1 相比,F2 是影响 SUM 的主要因素,F1 也就成为影响 SUM 的次要因素。

随后,笔者分别以 F1 的 2 个因子和 F2 的 3 个因子为自变量,SUM 为因变量,进行了多重回归分析,所得结果如表 5 所列。由此可见,F1_2 对 SUM 的影响比 F1_1 对 SUM 的影响略大;F2_1 和 F2_2 对 SUM 的影响接近,二者影响均大于 F2_3 对 SUM 的影响。

五、研究结论

实证分析的结果表明,影响培训效果的因素可以分为两类:培训过程本身的因素和培训过程以外的因素。与传统培训理论一致,培训过程本身的因素是培训效果的基础。饭店认真进行培训需求评估,精心组织实施培训计划,可以增强培训效果。"培训准备"首先要做好需求分析,确定需要培训的部门、人员和内容,使培训工作更有针对性,更切合实际需要。这是培训工作基础中的基础。根据需求分析,饭店制定相应的培训目标,以保证培训计划的确针对所存在的问题或需求。据此,饭店可以将培训目标具体化,成为看得见、摸得着的培训计划。"培训实施"需要设计有关课程,选择适用教材,运用合理培训方法,辅以培训老师认真教学,从而将培训计划转化为培训成效,让员工学到所培训的内容。培训的实施是把目标转化为现实的关键一招。没有切实的培训实施阶段,任何培训计划都只是"蓝图"。"凡事预则立,不预则废",符合"培训准备"对培训效果所产生的重要作用;"知易行难",揭示了"培训实施"与培训效果的密切关系。"培训实施"对"培训效果"的影响(Beta=0.428)与"培训准备"对"培训效果"的影响(Beta=0.417)基本一致,前者略大于后者。

但是,传统的培训理论与研究往往忽视了培训过程以外的诸因素对培训效果的影响。我们认为,影响培训效果的因素很多,除了培训过程本身的因素外,培训过程以外的因素也会影响培训效果。概括起来,培训过程以外的因素主要有三个:工作环境、互动评估和员工个人特点。

工作环境因素包括两个方面。首先是工作特点。员工工作特点对培训效果既有促进作用,也可能产生阻碍作用。例如,如果员工的工作压力较大,员工就会努力学习,充实自己,去适应工作中不断提出的新要求和高标准。工作压力大也可能使员工整天疲于奔命地去完成工作,而无暇去认真学习知识并在工作中运用所学的内容,改进工作态度或领会管理和服务新理念,使培训真正发挥作用。因此饭店必须不断地努力创造条件让员工有机会学习、实践并不断巩固所学内容,这是培训效果顺利达成的重要途径。其次是激励。管理人员和饭店组织体系,如评估和奖励体系,是否运用有关激励手段,鼓励员工参与培训,认真学习并运用所学内容,直接影响员工参与培训、学习和运用所学内容的积极性。例如,饭店的奖励制度若与员工的学习成绩和运用所学内容产生的效果挂钩,员工就更趋向于努力学习并运用所学内容,在工作中不断改进和创新。

第四章 人员的培训与开发方法研究案例

互动评估因素包括：员工参加培训项目的考核、员工对培训项目的评估和培训人员对培训项目是否达到预期目的评估。三者（员工、培训项目和培训人员）的互动评估，对每一方都是鞭策和激励，可以调动各方的积极性；另一方面，培训是一个动态过程，员工对每次培训项目的评估和建议，连同培训人员对培训项目的评估意见，可以让饭店在实施新培训项目前加以改进。员工从培训的被动接受者，转变为培训的主动参与者。他们积极性的提高，既可提高学习效果，更可促使他们运用所学知识。

员工个人特点因素包括员工的学习态度和学习能力。员工个人特点因素看似与饭店工作无关，其实不然。饭店在招聘时，可根据饭店需要，选择学习态度端正、作风正派、学习接受能力强的员工；在培训准备阶段中，充分考虑到员工的实际情况，把提高员工学习能力、端正学习态度的培训与工作所需要的培训结合起来，量身定做培训计划；在培训实施过程中，根据员工学习能力和学习态度，因材施教，并且运用激励等手段，调动员工积极性，端正学习态度。因此，不仅员工个人特点会影响培训效果，而且饭店也可以通过各种手段发挥员工个人特点，使之对培训效果产生积极影响。

"工作环境"对"培训效果"的影响（Beta = 0.485）与"互动评估"对培训效果的影响（Beta = 0.479）接近，这两者的影响均大于"员工个人特点"对"培训效果"的影响（Beta = 0.286）。这说明，改变员工个人特点更为困难，需要长期不懈的努力。

培训效果不仅受到培训过程本身的因素影响，而且受到培训过程以外的因素影响。二者影响孰大孰小，是前人研究尚未涉及的部分。我们认为，"培训过程以外的因素"对"培训效果"的影响（Beta = 0.612）比"培训过程本身的因素"对"培训效果"的影响（Beta = 0.392）更大，更值得饭店在培训实践中重视和注意。

本文给培训下的定义强调：培训本身虽是员工的学习过程，但其根本目的是要提高企业效益。培训效果不仅包括学习过程的效果，也包括运用过程的效果，其主要影响因素的衡量就是综合考虑诸因素对这两个过程的影响。我们发现，"培训过程本身的因素"对"培训效果"的影响集中于员工学习过程,而"培训过程以外的因素"则不仅可以影响员工学习过程,更重要的,它还会影响员工运用所学内容的过程。而在工作中运用所学知识,切实改善绩效,才是饭店培训的根本目的所在。因此,在其他条件既定的情况下,"培训过程以外的因素"必然会比"培训过程本身的因素"对"培训效果"产生更大的影响。

以上研究结果充分地揭示出提高饭店培训效果的一条重要规律:培训是动态的系统工程,饭店要做好培训工作,改善培训效果,不仅仅应下工夫抓好培训过程本身的有关工作,还应重视培训过程之外的因素对培训效果的影响。让培训过程以外的因素发挥积极作用,将"盘活"饭店本已很重视的培训过程本身的工作,收到事半功倍的效果,把培训工作推向新水平、新阶段。而这种事半功倍的培训效果,无疑会增强饭店继续开展培训工作的信心,加大培训投入,取得更高的"投资回报",这样,饭店又会进一步获得"投资"培训的动力,饭店的培训工作由此进入动态的良性循环,成为饭店提高服务质量、提高市场占有率和提高经营效益的有力保障之一,以适应我国加入WTO后面临内外竞争环境的机遇与挑战。

案例来源:詹俊川、赵新元、邓桂枝、齐雪青:《影响饭店培训效果因素的实证分析》,《旅游学刊》2001年第4期,第40—43页。(有删改)

【案例点评(二)】

本例通过问卷法获取数据,以主成分分析、回归分析等方法分析数据,实证分析了饭店培训效果的影响因素。

首先本例厘清了研究中培训的概念,并将培训效果确定为员工培训学习的效果,员工受训后运用所学知识、改善工作绩效的效果。由于"员工运用所学知识"的观测难度大,因此使用"员工愿意运用所学知识"代替(假定员工愿意在工作中运用知识,那么就会运用这些知识),给出了在研究中的操作定义:员工能学到所传授的知识并愿意在工作中加以运用。培训效果由员工能学到受训内容和员工愿意在工作中使用所学内容组成。这一过程将研究的客体培训效果做了明确的限定。

接着本例回顾了关于培训效果影响因素的文献,由特雷西等人的观点理出相关的影响因素作为线索,但这些观点缺少实证佐证,希望通过本例的实证研究加以验证。目前培训效果的研究采取对管理人员进行访问的方法,本例则使用向员工进行问卷调查的方法,从员工的视角分析此问题。以上的两点研究创新都是在总结前人研究的基础上才能做到的。

实施调查为方便样本抽样,问卷由饭店人力资源部相关主管发放,在回收后请该主管对样本概况进行了复查,样本构成与该饭店员工的构成特征基本一致。对培训效果的相关变量进行信度分析,所得的信度较高。在分析数据时,本例采用了主成分分析的方法。原本的19个影响因素经因子分析后得到两个因子。即"培训过程本身影响培训效果的因素"和"培训过程之外影响培训效果的因素",这与文献综述时形成的分析培训效果思路相呼应。接着分别对各因子的各变量进行因子分析,得到了次一级的因子。进行因子分析实际上是为多种影响因素归纳出一条线索,使其更为规律,这也便于后期变量的回归分析。为了确认影响因素的影响力,对各因子对培训效果的影响进行了回归分析。第一个方程是引入"培训过程本身影响培训效果的因素"和"培训过程之外影响培训效果的因素",比较两者对培训效果的影响。第二、第三个方程分别是对"培训过程本身影响培训效果的因素"和"培训过程之外影响培训效果的因素"的各子维度进行分析。除了关注回归系数外,更要注意该变量是否显著、方程是否存在多重共线性等问题,这是该回归系数可靠与否的重要判断条件。

通过数据分析的结果,给出了改进培训效果的相关建议,培训过程本身的因素是培训效果的基础,并提出了需要关注培训过程以外的诸因素,主要是工作环境、互动评估和员工个人特点。回归系数可以说明影响力大小的问题,如"工作环境"对"培训效果"的影响(Beta=0.485)大于"员工个人特点"对"培训效果"的影响(Beta=0.286)。这表明,改变员工个人特点更为困难,需要长期不懈的努力。

本例同一般的影响因素研究不同,并不是先确定影响因素的维度和子维度,自上而下地调查验证,而是由几项具体的因素自下而上进行归纳,得出影响因素的维度。这种方法避免了既定模式的影响,更为开放,但也需要一定的理论假设作为引导和验证。不过本例原本的19个影响因素是如何得到的作者并未提及,这可以通过文献综述、专家小组会议、开放式问卷、访问等方式得到。此外培训效果是如何评价的在例中也未做阐述,对于效果子维度的权重也还可以进一步研究确定。

【案例思考(二)】

1. 本例中对培训效果的定义是什么?操作定义又是什么?这两个定义有何不同?
2. 本例的研究创新之处有哪些?这是怎样实现的?
3. 问卷调查该如何进行?请饭店主管发放和复核样本概况有何帮助?
4. 如何运用主成分分析法分析数据?因子分析有哪些作用?
5. 回归分析该如何进行?分析成果应该怎样解释?要注意哪些关键数据?
6. 培训效果的影响因素还有哪些?它们属于哪一个维度?如何验证?

第五章

绩效考评与管理研究案例

本章学习目标提示

- 了解绩效考评体系建立的基本步骤
- 掌握考评指标的主要来源
- 重点理解行为指标量化评价的方法及意义

【案例呈现】

周边绩效考评体系的建立和应用
——以 A 企业绩效内容改革实践为例

一、研究背景

职业经理人经常会遇到以下问题:原本对企业非常有意义的项目,推动过程中却四处碰壁;出现问题时,各个部门不是通过合作想办法解决,而是相互指责、推诿。面对这些问题,职业经理人经常感慨"内耗太大"。造成这种现象的一个主要原因是员工短期的个人利益与企业利益的冲突,以 KPI 为核心的绩效考评使大家仅关注自己 KPI 是否实现,而忽略了企业整体目标的达成。为了保障自己的最大利益,员工之间缺乏团队合作,经常互相推卸责任,缺乏包容性,从而导致企业内耗巨大。

你所考评的正是你所想要的,考评内容会对员工行为产生强烈的影响。如果企业只关注财务指标,那么个人很可能为了短期利益而"杀鸡取卵",仅关注自己的利益而不顾部门合作。因此,员工个人的绩效考评内容不能仅仅包括"完成了岗位职责、实现了工作目标",还应该包括"合适"的行为,即企业文化所要求的利于建立良好工作环境的行为。建立全面的指标体系才能正确引导每位员工取得高绩效。

1993 年有学者提出了"周边绩效"(Contextual Performance)的概念,周边绩效是指通过提供能够促进任务绩效发生的良好环境来帮助组织提升效率的行为。周边绩效的提出让企业从只关注员工的工作成绩,转变为同时关注员工是否具有能促进高绩效环境的行为。全球化竞争越来越激烈的背景下,企业迫切需要通过周边绩效来帮助企业建立一支高绩效的人才队伍。本文从 A 企业引入周边绩效考评的实践出发,阐述如何通过周边绩效引导员工建立"合适"的行为模式,从而帮助企业建立"高绩效"企业环境。

博尔曼(Borman)和莫托威德洛(Motowidlo)提出了任务绩效和周边绩效。任务绩效指工作任务的完成情况;周边绩效指通过提供能够促进任务绩效发生的良好环境来帮助组织提升效率的行为。周边绩效可以营造良好的组织氛围,对工作任务的完成有促进和催化作用,有利于员工任务绩效的完成以及整个团队和组织绩效的提高。[①]

博尔曼和莫托威德洛提出周边绩效之后,其他学者对周边绩效

---

① W.C.Borman and S. J. Motowidlo, "Expanding the Criterion Domain to Include Elements of Contextual Performance", in N. Schmitt and W. C. Borman, eds., *Personnel Selection in Organizations*, San Francisco, CA: Jossey-Bass, 1993.

的内容和维度进行了进一步研究。周边绩效内容主要覆盖以下五个方面①:持续保持工作的热情,并在必要时付出额外的努力来确保成功地完成各项工作;自愿承担本职工作之外的一些工作和活动,并提出富有建设性的意见;帮助他人并与他人保持合作态度;遵守组织的价值观、各项规章制度和工作程序;认可、支持以及维护组织的目标和形象。

周边绩效对绩效具有促进作用。莫托威德洛等的研究表明任务绩效和周边绩效独立地对个体总绩效产生贡献②。范·斯科特(Van Scotter)和莫托威德洛将周边绩效分为工作奉献和人际促进两个子维度,认为人际促进和任务绩效对个体总绩效有独立贡献。③ 蔡永红、林崇德等的研究表明任务绩效与周边绩效二者存在较高的相关性,周边绩效可以促进任务绩效。④ 不论是周边绩效独立促进个人总绩效,还是周边绩效通过任务绩效促进个人绩效,总之周边绩效能够促进个人绩效的提升。

目前的研究已经表明周边绩效可以促进员工业绩提升。但是,很少有学者研究企业如何应用周边绩效。本文使用案例研究的方法,以 A 企业"引入周边绩效考评"的过程为研究对象,从业绩考评的角度探讨周边绩效的应用,提出理论假设"如果将周边绩效纳入企业考评体系,周边绩效会更好地引导员工行为,利于企业建立高绩效环境"。通过描述和分析 A 企业引入周边绩效的过程,分析建立周边绩效考评指标的实施要点和实施效果,为企业应用周边绩效积累经验教训。

---

① 赫尔曼·阿吉斯:《绩效管理》,刘昕、曹仰峰译,中国人民大学出版社 2008 年版。
② Stephan J. Motowidlo and James R. Van Scotter, "Evidence That Task Performance Should Be Distinguished From Contextual Performance", *Journal of Applied Psychology*, Vol. 79, No. 4, 1994, pp. 475-480.
③ James R. Van Scotter and Stephan J. Motowidlo, "Interpersonal Facilitation and Job Dedication as Separate Facets of Contextual Performance", *Journal of Applied Psychology*, Vol. 81, No. 5, 1996, pp. 525-531.
④ 蔡永红、林崇德、陈学锋:《学生评价教师绩效的结构验证性因素分析》,《心理学报》2003 年第 3 期。

二、建立周边绩效考评指标——以 A 企业为例

A 企业是一家高科技制造业企业,随着企业的不断发展壮大,为了保障企业长期目标和短期目标的平衡,促进企业战略目标的实现,企业于 2011 年引入了平衡计分卡体系以建立全面有效的部门绩效目标。在平衡计分卡的指导下,员工个人考评体系也引入了周边绩效考评内容,以引导员工建立合适企业的行为模式,全面考评个人的工作结果和行为。

(一)周边绩效考评内容设计

1. 搭建周边绩效内容框架

首先,根据 A 企业的企业文化要求,提炼了 A 企业基础的周边绩效内容(见表1)。其次,通过访问界定 A 企业周边绩效范围。对各部门中层干部进行了相关访问和调研,共访问了 40 余位企业中层管理干部,通过深度访问,界定 A 企业关键周边绩效内容(见表2)。

表1 A 企业基于文化的周边绩效内容

企业文化要求	提炼的周边绩效
坚持客户导向	客户导向
核心价值观:正直诚信、开发人才、倾情客户、合作共赢、成果主义	正直诚信、客户导向、团队合作、计划执行

表2 A 企业周边绩效范围

一般员工	管理干部
执行力:领导布置工作后,员工的贯彻和执行情况	沟通:具有沟通意识,具有良好沟通技巧,通过沟通解决困难的问题
积极主动的工作态度:员工完成本岗位工作的同时,需积极主动思考如何改进工作	组织协调:要会给下属安排工作,跟进工作进度
团队合作:同事之间互相帮助,相互合作,共同完成工作	

综合对企业文化的提炼和访问结果,搭建了周边绩效内容的基本框架(见图1)。

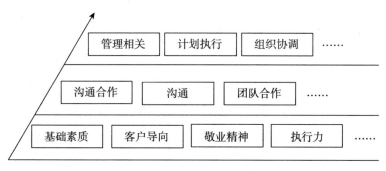

图1 A企业周边绩效内容框架

2. 细化周边绩效指标

搭建周边绩效内容的基本框架之后,对各个周边绩效内容进行了具体描述,从而形成细化的周边绩效指标(见表3)。

表3 细化周围绩效指标示例

周边绩效	细化描述	关键点
计划执行	工作中能够迅速理解上级意图,形成目标并制订出具体可操作的行动方案,通过有效组织各类资源和对任务优先顺序的安排,保证计划高效、顺利实施,并努力完成工作目标的能力	制订可操作性工作计划 区分轻重缓急 克服困难,完成工作目标
组织协调	根据工作目标的需要,合理配置相关资源,协调各方面关系、调动各方面的积极性,并及时处理和解决目标实现过程中出现的各种问题的能力	对组织中的人、财、物等资源进行有效组织和合理调配
沟通	通过倾听、清晰表达自己的意见,公开进行反馈,与他人进行信息传递的行为	有与他人沟通的愿望 善于倾听 理解他人的观点 并能向他人清楚表达自己的观点
敬业精神	具有使命感,热爱工作,认可自己的工作职责,可以全身心投入到工作中去,尽心尽力采取行动去完成工作任务	甘于奉献,不怕劳苦 尽心完成本职范围内的工作任务 积极主动承担其他工作

3. 周边绩效指标的评价标准

评价标准是公司期望员工所达到的行为规范,同时也是对"做到什么时会得到什么评价结果"的回答,即评价标准让员工明确自己应该做什么、做到什么程度,总之,具体细化的评价标准才能有效引导员工,保障公司和员工在考评目标上达成一致。众所周知,评价标准需符合 SMART 原则,周边绩效属于行为指标,不能像结果指标以量化的数据为依据,但是如果行为指标的评价标准只是概述"具有良好的敬业精神"等,不符合 SMART 原则的"明确、具体"要求,那么这些行为指标便不能被客观衡量,更不能起到引导员工的效果。同时,行为的衡量本质上是一种判断。需要评价人对被评价人是否具有所要求的行为做出判断。因此,周边绩效的评价标准必须是可以观察到的具体行为,这样评价人才能有客观准确的判断。综上所述,设定周边绩效评价标准需包含以下要素:对周边绩效的定义;将周边绩效分为几个等级;对达到每个等级可以观察到的一些具体行为进行描述。

为实现行为指标的客观科学评价,A 企业引入了"行为锚定等级评级法",通过一个等级评价表将描述性关键事件评价法和量化等级评价法的优点结合起来,将关于优良或不足绩效的关键事件描述加以等级性量化。行为锚定等级评价法,首先找出这项周边绩效的关键行为,然后再找出一些关键事件,用这些关键事件描述员工的行为效果属于低等还是高等。最后,对周边绩效每个等级进行赋分。以"敬业精神"为例,其具体评价标准如下(见表 4)。

表 4 "敬业精神"评价标准

敬业精神:具有使命感,热爱工作,认可自己的工作职责,可以全身心投入到工作中去,尽心尽力采取行动去完成工作任务
关键点:甘于奉献,不怕劳苦,尽心完成本职范围内的工作任务,并积极主动承担其他工作

续表

评分	敬业精神
10分 (五级)	已达到四级的要求,并做到"甘于奉献" ·主动思考科室业务可能面临的问题,提前行动来创造机会或降低问题发生的可能性(如设立新的项目或机构,进行有针对性的巡视等) ·在工作中愿意为了公司或团队的利益付出额外的努力,放弃或牺牲个人利益
9(含)—10分 (四级)	已达到三级的要求,并做到"全力投入" ·对工作充满激情,宁愿放弃休息时间也要按时保质保量地完成任务 ·在工作中遇到困难时不放弃,会努力克服困难完成任务 ·主动思考和发现问题,并采取行动,为了部门目标,会承担职责之外的工作
7(含)—9分 (三级)	已达到二级的要求,并做到"尽职尽责" ·工作中吃苦耐劳,不计较得失,以高质量标准要求自己,主动对发现的问题采取必要的行动,尽力把工作做到最好
5(含)—7分 (二级)	主动落实 ·根据领导的指示,立即采取行动,解决问题,符合一定的工作标准
1—5分 (一级)	经常需要领导再三督促才行动,工作时间处理私人业务,工作热情较低

4. 建立周边绩效指标库并实行动态管理

在建立 A 企业关键周边绩效指标的基础上,借鉴先进企业的周边绩效指标,形成了"A 企业周边绩效指标库",共包含了 15 个指标。由于 2011 年是 A 企业引入周边绩效的起步阶段,指标的设计必然存在极大的进步空间,为了不断完善周边绩效指标,保障周边绩效满足企业发展的要求,对周边绩效指标库进行动态管理是非常必要的。

首先,端正公司业务部门管理者的观念,动员业务部门共同建立更加贴近部门的指标库。通过深入沟通,促使业务部门摒弃"考评是人力资源部的事情",调动业务部门积极参与到周边绩效乃至整个绩效管理体系的建设,鼓励各个业务部门提出周边绩效,从而丰富周边绩效指标库,使得周边绩效更加符合各个部门的实际情况。其次,实现指标案例填充,完善交流平台。在公司信息化体系进一步完善的基础上,公司管理者可以对指标库添加案例,通过案例使得指标的描述更加生动形象,更利于员工理解指标的含义。最后,建立鼓励机制。公司鼓励各层级人员为指标库填写指标和案例的行为,并表扬对指标库做出贡献的人员。

(二)周边绩效考评的实施

从2011年6月开始,A企业在季度考评中正式起用周边绩效考评,具体实施如下:

1. 周边绩效的选择

根据A企业当前发展阶段以及各部门的需求,2011年选取的周边绩效考评内容如下(见表5)。

表5 2011年周边绩效考评内容

人员类别	周边绩效考评内容
一般员工	客户导向、敬业精神、执行力
管理者	客户导向、沟通、组织协调

2. 对周边绩效的考评方式

考评内容包括工作结果和周边绩效,工作结果和周边绩效季度考评的时候由上级评分:季度考评得分=工作结果×80%+周边绩效×20%。每年人力资源部组织对核心员工进行一次360度民主评价,全面考察员工周边绩效的情况。

3. 反馈周边绩效结果,形成良性循环

遵循PDCA循环的原则,及时对周边绩效的结果进行充分沟通反馈,形成良性循环。反馈周边绩效的评价信息,通过帮助员工认识和利用自身全部潜能来提高工作业绩,当员工意识到自身优缺点,并清楚如何提高自己素质时,便达到了周边绩效考评的目的——引导员工建立行为规范。

（三）引入周边绩效考评的成果

经过半年的实施,周边绩效考评对于企业建立"高绩效"环境起到了促进作用。各级主管认为,周边绩效的考评对部门工作推进起到了积极的糅合作用,提高了部门之间的合作主动性,而在此之前各部门经常相互推诿。周边绩效加强了对客户导向的考评,各部门服务意识有所提高,提高了企业运营效率。周边绩效的考评规范了员工的行为模式,员工的主动性、敬业精神都有所提高,员工更愿意承担一些额外工作。周边绩效的考评让员工深刻理解企业文化的要求,遵守企业价值观、各项制度和工作程序。员工的评价是:周边绩效指标描述清晰、具体,从而让自己更加清楚企业的行为规范和目标,利于自己取得更好的业绩。从主管和员工的评价来看,周边绩效的引入不仅完善了 A 企业的考评内容,也促进了 A 企业对员工"客户导向、敬业精神、沟通"等行为的引导,利于 A 企业建立"相互合作、主动、敬业"的企业环境。这验证了本文所提出的理论假设。

三、结论启示

员工的周边绩效行为是一种积极的、自发的、不属于职责范围内的行为。但它对企业有着重大的积极影响。企业管理者应重视对员工周边绩效的考评,激发员工的工作潜力,促进员工个人和企业整体绩效的提升。为了发挥周边绩效促进企业"高绩效"环境的作用,建立周边绩效考评指标应掌握以下要点:

（1）周边绩效指标尽量可理解和可评价。建立周边绩效考评体系的重要目的是引导员工行为规范,因此指标设计的第一个重要原则就是可理解和可评价。一方面,促使员工明白公司的要求,从而引导员工的行为规范;另一方面确保指标的可衡量,避免周边绩效的评价变成主观评价。

（2）周边绩效指标设计符合企业文化的要求。周边绩效指标是员工在工作中的行为要求,包括言行、仪表、态度等内容,而企业对周边绩效行为的考评，便是检验员工是否认同和遵守企业文化。因此，周边绩效指标设计必须符合企业文化的要求。

（3）周边绩效指标分层分类的设计。在企业基本行为规范的基础上，不同层级和不同岗位的周边绩效会有所差别，因此需设计分层分类的指标。

（4）做好周边绩效的PDCA。对周边绩效的考评也需要遵守PDCA循环，各级主管做好对员工周边绩效的反馈，从而帮助员工发现自己周边绩效方面的优缺点，不断改善。

（5）周边绩效的评价主体选择。A企业一般员工的周边绩效仅由上级评价，而周边绩效中的客户导向等维度若采用"服务对象"评价会更利于促进员工客户导向的提高。

案例来源：侯涛、刘书岑：《周边绩效考评体系的建立和应用——以A企业绩效内容改革实践为例》，《中国人力资源开发》2012年第3期，第41—44页。（有删改）

【案例点评】

这是一篇以案例为主、应用性较强的学术论文，其核心观点是"如果将周边绩效纳入企业考评体系，周边绩效会更好地引导员工行为，利于企业建立高绩效环境"。为了印证这一观点，以A企业为例，对其周边绩效的引入过程、实施要点、实施效果进行描述和分析，从而为企业实践周边绩效提供参考。

通过对前人文献的总结，研究者得出了"周边绩效可以促进员工业绩提升"的结论。在前人已有的结论上进一步思考：既然周边绩效有提升业绩的优点，那么应当怎样应用到企业实际中去呢？研究者发现在周边绩效的应用上目前的研究并不充分，所以对周边绩效的应用成为本研究的创新之处。然而周边绩效是一个较为宽泛的话题，所以研究者选取绩效考评为切入点使本研究得以深入。

在周边绩效考评方面，本研究全面展示了绩效考评内容设计、实施过程、实施结果等内容。绩效内容设计与一般的绩效考评设计类似。首先是搭建周边绩效内容框架,本研究的出发点是企业文化,这更能体现出企业的特点。一般的绩效考评(如任务绩效)往往是从企业的战略、价值链出发。对于周边绩效,如果从战略上对"良好环境"的要求、价值链的辅助内容进行分析也会有所收获。之后,本研究使用访问法对周边绩效的范围、内容进行了界定。由于周边绩效和绩效考评等管理内容相关,所以访问的对象为中层管理干部。在确定周边绩效的框架后,需要对指标进行细化。细化的目的是使指标清晰、可操作,包括对周边绩效指标的细化描述以及关键点的提炼。指标确定后,需要确定对指标的评价标准。对于一般的结果指标可以量化的结果作为评价标准,对于周边绩效这样的行为指标往往难以从结果的角度量化,而一般的行为描述则在操作上过于主观。这时在研究上往往采用"行为锚定法"对行为指标进行量化,找出周边绩效的关键行为事件,也即"通过一个等级评价表将描述性关键事件评价法和量化等级评价法的优点结合起来,将关于优良或不足绩效的关键事件描述加以等级性量化"。最后,在 A 企业关键周边绩效指标的基础上借鉴先进企业周边绩效经验,形成指标库。由于本次指标是从 A 企业的企业文化出发得到的,因此形成的指标库既有一般借鉴指标的"久经考验",也兼顾了企业自身的特点。由于企业自身、外部环境都在发展变化,因此指标库也是动态的。

在周边绩效考评的实施上,首先是根据企业发展和部门要求选取内容。在考评主体上,季度考评由上级评分,每年进行一次 360 度民主评价。需要注意的是,考评评价的主体应因考评的方面、考评的目的而异,例如,当绩效评价结果与薪酬、晋升明显挂钩时,同级评价可能出现诋毁、拆台现象;而绩效评价结果与培训相联系时,同级评价往往公允度较高。

最后,绩效考评只是工具,并不是最终目的。考评不是关键,关键是通过考评提高以后的绩效。需要对考评的结果进行充分反馈和沟通指导,形成良性的循环,以此提高组织绩效,发挥考评的真正作用。

研究最后,研究者由各级主管、员工对本次周边绩效考评的评价得出"周边绩效考评对于企业建立'高绩效'环境起到了促进作用"的结论,并以此作为本研究所提出理论假设的验证。这一"验证"过程是略显仓促的,缺乏量化数据的支持,尤其对于周边绩效增量与企业绩效增量的因果关系、影响程度并未有效论证。这一部分仍有进一步改进的空间。

金无足赤,本研究的目的是以案例研究验证"周边绩效纳入企业考评体系利于企业建立高绩效环境"的假设,但研究实际上更多地介绍了"如何将周边绩效纳入企业考评体系"。事实上,后者才是本研究的亮点和可供实践参考之处,这在本研究的标题上也得到了印证。案例研究不同于案例介绍,在于对案例有研究目的地深入挖掘,以提升对研究问题的了解。从这一点来看,本研究的实践参考价值要更突出。

【案例思考】

1. 本例中建立周边绩效考评体系有哪些步骤?如何改进?
2. 绩效考评的指标如何得到?对于行为指标如何实现量化评价?
3. 绩效考评应该如何实施?需要注意哪些问题?
4. 绩效考评的作用如何发挥?如何验证?
5. 本例提出的理论假设是什么?通过本研究该假设得到验证了吗?为什么?

第六章

薪酬管理研究案例

本章学习目标提示

- 掌握通过文献综述提出研究假设的过程
- 掌握相关分析、分层回归分析及结构方程的分析思路
- 理解中介变量的概念及验证方法
- 重点理解实证研究提出假设、验证假设的思路

【案例呈现】

制造业员工的薪酬满意度实证研究

一、研究理论框架

1. 薪酬满意度的多维性

在影响企业员工工作行为(behavior)和态度(attitude)的众多因素中,员工薪酬满意度是一个非常重要的变量(variable)。薪酬的满意度是指个体通过自身的劳动付出而得到的各种回报与其期望值、

实际需要及与一般社会标准进行比较后所形成的一种心理感知过程[①]，反映出员工对企业当前的薪酬状况的一种态度。目前国内外学者普遍认为组织员工薪酬满意度是个多维的概念，即个体对薪酬水平、福利、薪酬晋升、薪酬结构与薪酬管理几方面满意感受的综合。其中薪酬水平满意感是指个体对目前所得到的货币性薪酬的满意感，福利满意感则是指个体对目前所得到的非货币性薪酬的满意感，薪酬晋升满意感则是个体对薪酬的增长幅度以及对用以决定个体薪酬增长的方法的满意感，最后薪酬结构和薪酬管理满意感则指个体对组织内的薪酬网络、薪酬政策、薪酬制度等的满意感。正是基于这种认识，笔者着重探讨员工对薪酬公平性的情感反应，透过薪酬公平性来探测上述四类具有相互独立维度的薪酬满意感的心理感知过程。

2. 薪酬公平性与薪酬满意度关系

薪酬公平性（equity）主要包括薪酬分配结果的公平性（distributive justice）和薪酬分配程序公平性（procedural justice），前者着眼于薪酬分配的结果，后者侧重于分配方法和手段。薪酬分配结果的公平性涉及的是个体对于薪酬分配结果（包括薪酬水平和薪酬晋升幅度）其数量和质量是否公平的心理感知[②]，它反映了组织内的个体对其所得到的薪酬分配结果的一种主观态度与感觉。根据美国学者亚当斯的公平性理论[③]，每一个雇员都会通过与他人比较其投入与回报的比率来确定他们的分配是否公平，若雇员认为自己的投入与回报的比值相当，则感到公平，反之则会产生不公平感，并根据自己主观判断的结果采取消极或积极的行为。程序公平性则指员工对企业薪酬分配决策程序和方法（分配结果是如何决定的）是否公平的感

[①] M. P. Miceli, I. J. Jung, J. P. Near and D. B. Greenberger, "Predictors and Outcomes of Reactions to Pay-for-Performance Plans", *Journal of Applied Psychology*, Vol. 76, No. 4, 1991, pp. 508-521.

[②] R. Folger and R. Cropanzano, *Organizational Justice and Human Resource Management*, Thousand Oaks, London: Sage Publication, 1998.

[③] J. S. Adams, "Inequity in Social Exchange", in L. Berkowitz, ed., *Advances in Experimental Socail Psychology*, New York: Academic Press, 1965.

知。1975年,蒂博特(Thibaut)和沃克(Walker)最先提出了程序公平性(procedural justice)概念,认为只要个体拥有过程参与控制的权利,不论最终结果如何,个体的公平感和满意感会得到加强,满意度会得到相应提高。

对企业的薪酬管理而言,公平性是影响薪酬满意度的一个非常重要的变量(variable)。但学术界许多系统的研究却只探讨薪酬公平性对员工薪酬水平满意度的影响,却较少研究薪酬公平性对福利、薪酬晋升、薪酬结构与薪酬管理满意感的影响。因此,在本次研究中,笔者既探讨薪酬分配结果公平性和薪酬程序公平性对员工薪酬水平满意感、福利满意感及晋升满意感以及薪酬结构与管理满意感的影响,又探讨薪酬民主管理过程中员工的发言权(voice)对薪酬满意感的影响。

3. 薪酬满意度与绩效的关系

薪酬公平感和满意感对员工的行为影响具体表现在哪些方面?企业和学术界对此做了探讨,大量的研究表明员工薪酬满意感会影响员工对企业的归属感、忠诚度、离职率及离职意愿。薪酬分配结果公平性还直接影响员工的工作积极性与绩效,而薪酬分配程序公平性则影响员工对组织的承诺、义务及主持感。[①] 然而,如何满足员工各种需求的中介变量(mediator),如何发挥薪酬满意感和公平感对激励和挽留员工的作用,学术界却众说纷纭。据此,在文献研究的基础上,笔者提出了以下假设。H1:企业薪酬分配公平性影响员工薪酬满意感。H2:以民主管理直接影响参与权,又通过发言权间接影响程序公平性和薪酬结构与管理的满意度。H3:薪酬公平性通过员工薪酬满意度间接影响员工离职意愿。

---

① J. Greenberg, "Organizational Justice: Yesterday, Today and Tomorrow", *Journal of Management*, Vol. 16, No. 2, 1990, pp. 399-432; P. D. Sweeney and D. B. McFarlin, "Workers Evaluations of the 'Ends' and 'Means': An Examination of Four Models of Distributive and Procedural Justice", *Organizational Behavior and Human Decision Processes*, Vol. 55, No. 1, 1993, pp. 22-40.

二、研究过程

1. 样本与量表

本次问卷调查的样本取自广东佛山10家制造业企业(包括不同所有制性质的企业),其中70%属于大中型企业,员工的规模都超过500人。共发问卷330余份,回收问卷305份,有效问卷295份,在答卷的员工中,女性占42.4%,25岁以下占33.6%,在企业工作5年以下占27.2%。问卷收集的数据包括两部分:一部分是被调查者的背景信息,如年龄、性别、文化程度、月工资收入及在本组织的服务年限等;另一部分是主体部分,包括对满意度、公平性、发言权及离职意愿的测量结果等。

本研究在赫尼曼和施瓦布于1985年开发的薪酬满意度量表的基础上,设计了25个项目,用于测度员工薪酬水平满意感、福利满意感及薪酬晋升满意感以及薪酬结构和薪酬管理的满意感,从薪酬分配结果与程序公平性计量薪酬公平性,这四个测量工具的内部一致性系数分别为0.87、0.90、0.91和0.81。民主管理这一结构采用巴(Bhal)和安萨里(Ansari)开发的包括贡献和作用两个维度(共10项目)的量表进行测量,这两个测量工具的内部一致性系数分别为0.87和0.89。[①] 发言权这一结构使用杜伯恩(Dulebohn)和费里斯(Ferris)开发编制的三个项目进行测度(既然薪酬水平和晋升均与绩效考评有关,可见测量员工参与评估体系设计与管理中的发言权可以被看作是测度员工在薪酬设计与管理过程中的发言权),这个测量工具的内部一致性系数为0.85。[②] 离职意愿的测量只采用"下列哪种陈述反映出你未来在企业的去留情况"一个项目。所有变量均采用李克特五点计量尺度,每个变量的最后得分均采用该变量维度的

[①] K. T. Bhal and M. A. Ansari, "Measuring Quality of Interaction Between Leader and Members", *Journal of Applied Social Psychology*, Vol. 26, No. 11, 1996, pp. 945-972.

[②] J. H. Dulebohn and G. R. Ferris, "The Role of Influence Tactics in Perceptions of Performance Evaluations' Fairness", *Academy of Management Journal*, Vol. 42, No. 3, 1999, pp. 288-303.

加权平均值。由于离职意愿仅采用一个测量项目,故该项得分将作为离职意愿变量的最后得分。

2. 分析与结果

本研究采用一致性系数对所有量表的信度进行检验,所有计量工具的克朗巴哈系数(Cronbach's α)在 0.76 到 0.91 之间,表明各计量尺度可靠,各变量的平均值、标准差和相关系数见表1。

表1　均值、标准差、相关系数($N=295$)

	均值	标准差	1	2	3	4	5	6	7	8	9	10
1.水平满意度	2.91	1.02	−0.87									
2.福利满意度	3.01	0.91	0.768**	−0.9								
3.晋升满意度	2.97	0.87	0.763**	0.747**	−0.91							
4.结构与管理满意度	3.32	0.63	0.733**	0.713**	0.787**	−0.81						
5.结果公平性	2.92	0.75	0.696**	0.669**	0.751**	0.739**	−0.79					
6.程序公平性	3.67	0.69	0.305**	0.279**	0.322**	0.523**	0.321**	−0.76				
7.重视下属意见	3.68	0.77	0.101	0.181**	0.221**	0.301**	0.161**	0.415**	−0.89			
8.礼貌对待员工	2.73	0.89	0.131**	0.189**	0.269**	0.201**	0.067	0.201**	0.357**	−0.87		
9.发言权	3.41	0.89	0.221**	0.221**	0.329**	0.409**	0.302	0.634**	0.403**	0.248**	−0.85	
10.离职意愿	2.24	1.02	−0.271**	−0.232**	−0.321**	−0.334**	−0.315**	−0.342**	−0.132*	−0.124**	−0.281**	—

注:括号内数字为该量表的内部一致性系数;* $=p<0.05$,** $=p<0.01$,*** $=p<0.001$。

本研究采用多元回归来检验薪酬分配结果与程序公平性对四类薪酬满意感即薪酬水平满意感、福利满意感、薪酬晋升满意感、薪酬结构与管理的满意感的影响。将四类薪酬满意度作为因变量,薪酬分配结果与程序公平性分别作为自变量单独建立回归模型,分析每个变量与薪酬满意度的关系,回归的结果如表2。

表 2　因变量薪酬满意度的分层回归分析结果

	水平满意度	福利满意度	晋升满意度	结构与管理满意度
结果公平性	0.692 ***	0.657 ***	0.716 ***	0.641 ***
程序公平性	0.075	0.071	0.797 *	0.651 ***
R	0.571	0.467	0.567	0.639
F	162.348 ***	132.616 ***	198.064 ***	267.731 ***
df	2.303	2.303	2.303	2.303

从表 2 可以看出自变量薪酬分配结果公平性作为因变量四类薪酬满意度预测因子具有较强的解释力，而程序公平性只作为薪酬晋升、薪酬结构与管理满意度的预测因子具有较强的解释力。

为验证最后一个假设，我们采用了 LISERL 软件，分别对绩效考评过程中员工发言权、程序公平性及薪酬结构与管理的满意感影响进行通径分析，分析结果见图 1。

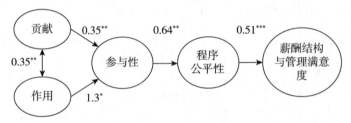

图 1　结构方程模型检验

模型 χ^2 值为 26.39，拟和优度（GFI）、调整后的拟和优度（AGFI）及规范拟和优度（NFI）分别为 0.967、0.902、0.927，表明模型与数据的拟和程度较高，该假设成立。

为了验证最后一个假设，本部分通过同步纳入法将四类薪酬满意度对离职意愿（intent to leave）进行回归，回归结果表明，四类薪酬满意度总体显著性概率为 0.000，判断系数 R^2 为 0.122，反映了自变量四类薪酬满意度作为因变量离职意愿的预测因子具有较强的解释力。薪酬水平满意度的标准系数为 -0.219（$t=-0.2348, p<0.022$），福利满意度的标准系数为 -0.242（$t=-1.989, p<0.049$），晋升满意度的标准系数为 -0.028（$t=0.280, p<0.798$），结构与管理的满意度的标准系数为 0.098（$t=1.042, p<0.299$），根据标准系数值可以看出晋升满

意度和结构与管理满意度与离职意愿的线性关系最为显著,这两个因素是决定企业员工离职意愿的关键因素。

三、结论

本研究的重点:(1)结果公平性与程序公平性对不同类型的薪酬满意度的影响;(2)个体在薪酬分配设计与管理中的发言权对公平感和满意感的间接影响;(3)不同类的薪酬满意度对员工离职意愿的影响。

研究结果表明:结果和程序的公平性对员工薪酬满意感有不同程度的影响,薪酬分配结果公平性与薪酬水平、福利、薪酬晋升以及薪酬制度与管理四类薪酬满意度呈显著相关,说明薪酬分配结果公平性不仅与薪酬满意度的结果维度呈显著相关,而且与薪酬满意度的过程维度呈显著相关;薪酬分配程序公平性对薪酬晋升以及薪酬制度与管理满意感有持久的正向影响,研究结果证实了分配程序公平性对员工薪酬满意度也有着重要影响[①]。民主管理对个体在薪酬管理中参与权有显著直接影响,对程序公平感和薪酬结构的满意感具有显著的间接影响。制造业企业在薪酬管理过程中若管理者以对待客户的态度对待员工,鼓励员工参与其最关切、最重视的薪酬制度的设计和管理工作,监督薪酬分配政策的制定,可增强员工对薪酬结构与管理过程维度的满意感。四类薪酬满意度与员工离职意愿相关,但制造业的员工对薪酬和福利水平的不满意度更倾向于影响员工离职。这说明制造业企业整个薪酬管理系统有待改善,仅仅改善薪酬结构和薪酬体系是不足以提高员工薪酬满意度并挽留员工的。换句话说,制造业若要激发员工的积极性,提高员工忠诚度和归属感,则必须在提高员工薪酬和福利水平的同时,合理设计薪酬等级,

---

① D. B. McFarlin and P. D. Sweeney, "Distributive and Procedural Justice as Predictors of Satisfaction with Personal and Organizational Factors", *Academy of Management Journal*, Vol. 35, No. 3, 1992, pp. 626-637; R. Folger and M. A. Konovsky, "Effects of Procedural and Distributive Justice on Reactions to Pay Decision", *Academy of management Journal*, Vol. 32, No. 1, 1989, pp. 115-130.

建立基于绩效和能力的提薪政策和秩序。

案例来源：陈晶瑛：《制造业员工的薪酬满意度实证研究》，《管理世界》2010年第1期，第179—180页。（有删改）

【案例点评】

这是一篇典型的实证研究论文，探讨公平性与薪酬满意感及离职等问题。涉及薪酬满意度、薪酬公平性和离职意愿三个变量。采用问卷调查法获得数据，通过相关分析、分层回归分析、结构方程等方法确认变量间的相关性及因果关系。

本研究的理论假设是在扎实的文献综述基础上做出的。根据前人研究确定薪酬满意度的四个维度：薪酬水平、福利、薪酬晋升、薪酬结构与薪酬管理。这首先需要厘清薪酬满意度的内涵和外延，确认研究的范围，并为其后薪酬满意度的测量打下基础。事实上，本研究的一个创新之处就在于讨论了福利、薪酬晋升、薪酬结构与薪酬管理满意度这三个在薪酬满意度中前人鲜有研究的变量。同理，本研究将薪酬公平性分为结果公平性和程序公平性两个维度。在前人的基础上，本研究进一步加入了民主管理过程中员工的发言权这一变量。以往的研究还讨论了薪酬满意度与绩效的关系，为了使研究聚焦，本研究中只讨论了离职意愿，而且以薪酬公平性为自变量，离职意愿为因变量，薪酬满意度为中介变量。在明确了本研究各变量的含义和维度后，在文献研究的基础上，研究者提出了三个主要假设。其后数据的获取与分析均是为验证这三个假设是否成立而服务的。

量表设计是获得有效数据、为研究提供支撑的重要环节。问卷须有较高的信度和效度。本研究的量表按变量分别采用了前人的成熟题项或在其基础上改进。前人的量表往往可以保证量表有较高的信效度，但将多人的量表组合后，"新量表"的信效度同样面临考验。例如组合后的量表内部一致性可能较低，采用国外问卷的中文译本可能导致因文化背景或翻译造成信度、效度降低。所以在分析获得的数据前,应当对问卷的信效度进行考查,确认其达到一般研究的标准。对于大型的研究应当对问卷进行小范围的预测,确认其信效度后再进行正式的大范围施测。本研究中"采用一致性系数对所有量表的信度进行检验,所有计量工具的克朗巴哈系数(Cronbach's α)在0.76到0.91之间,表明各计量尺度可靠"。

数据分析时,进行相关性分析是为了确认变量间的相关性,而回归则可以分析变量间的因果关系以及自变量对因变量影响力的大小。在相关分析时,根据变量类型的不同组合,使用的相关类型也不同;回归分析时,要判断模型中的自变量是否存在严重的多重共线性。最后通过结构方程验证了薪酬满意度作为中介变量的假设。在研究中,中介变量是指自变量原本无法影响因变量,但是可以通过影响中介变量,经由中介变量影响因变量。与此对应的还有调节变量,是指自变量可以影响因变量,但是在调节变量不同的情况下,自变量对因变量的影响程度不同,甚至方向相反。

最后,根据相关分析、回归分析、结构方程模型的数据分析结果,判断在研究开始时提出的假设是否成立。本研究中的假设均得到了验证。如果有某个假设没有得到验证则需要分析原因:是假设本身存在漏洞,还是在调查研究的方法上出现了疏漏。

【案例思考】

1. 本例中有哪些变量?它们之间的理论假设是什么?这些假设是怎样得出的?

2. 薪酬满意度有哪些维度?这些维度是如何得出的?

3. 本例的调查问卷是如何制定的?这种制定问卷的方法优缺点如何?

4. 在数据分析上,本例使用了哪些方法?不同的方法有何针对性?应该注意哪些问题?

5. 中介变量的作用如何发现和验证?本例中薪酬满意度的中介作用是什么?与调节变量有何区别?

第七章

员工福利与社会保障研究案例

📽 **本章学习目标提示**

- 了解员工福利、社会保障的基本内容
- 了解比较研究的基本概念
- 掌握调查抽样的基本方法与技巧
- 掌握交叉分类分析数据的方法

【案例呈现】

工资福利、权益保障与外部环境
——珠三角与长三角外来工的比较研究

一、样本的基本情况

（一）选题缘起

2005年6—8月，受中山大学2期"985项目"基金资助和广东省总工会的委托，我们对珠江三角洲和长江三角洲两地外来工的求职、流动、工作、生活、福利待遇、权益保障、心理感受与认知等问题进行了较大规模的"外来务工人员问卷调查"。本文以回收的有效问卷的汇总数据为依据,对珠三角和长三角的外来工的工资福利、权益保障、人身安全、外部环境等基本情况进行描述和分析,期望对两地外来工的基本情况有一个比较性的认识,同时也试图就两地差异的具体表现及其背后的原因进行讨论和解释。

(二)样本基本情况

本次调查对象是珠三角、长三角两地跨地域流动的外来务工人员。在抽样中,我们按城镇、企业、性别等因素进行了配额抽样,考虑了各城市外来工的总体数量、行业、企业(特别是制造业)的分布,加之样本总量较大,估计这一样本的集合相对于两地外来工的总体有较大的代表性。但由于未能进行严格的概率抽样,不能准确地计算样本与总体之间的误差。其中,女性样本偏少,样本与总体的性别偏差较大。资料收集方法采用了一对一的问卷访问法。全部样本的城市分布情况见表1,基本特征情况见表2。

表1 两地外来工样本的城市分布

地点		有效样本	地点		有效样本
珠三角 512	广州	92	浙江 197	杭州	109
	深圳	103		嘉兴	39
	东莞	110		台州	49
	惠州	40	江苏 215	苏州	112
	江门	10		无锡	63
	佛山	99		常州	40
	中山	20	上海		100
	珠海	38	长三角		512
合计			1024		

表2 两地外来工样本的基本情况

		珠三角	长三角	差距
年龄	平均	25.68	27.11	-1.43
性别	男	285(55.9%)	314(61.3%)	-29(-5.4%)
	女	225(44.1%)	198(38.7%)	27(5.4%)

续表

		珠三角	长三角	差距
户口性质	农业	395(77.5%)	420(82.0%)	−25(−4.5%)
	非农业	98(19.2%)	76(14.8%)	22(4.4%)
教育	小学以下	17(3.3%)	13(2.5%)	4(0.8%)
	小学	61(12.0%)	60(11.7%)	1(0.3%)
	初中	284(55.9%)	241(47.1%)	43(8.8%)
	高中	70(13.8%)	72(14.1%)	−2(−0.3%)
	中专、技校	59(11.6%)	83(16.2%)	−24(−4.6%)
	大专	17(3.3%)	43(8.4%)	−26(−5.1%)
婚姻	未婚	320(62.5%)	237(46.3%)	83(16.2%)
	有配偶	188(36.7%)	264(51.6%)	−76(−14.9%)
	离婚	3(0.6%)	6(1.2%)	−3(−0.6%)
	丧偶	1(0.2%)	5(1.0%)	−4(−0.8%)
企业性质	国有	16(3.2%)	25(4.9%)	−9(−1.7%)
	乡镇	24(4.8%)	48(9.4%)	24(−4.6%)
	私营	302(60%)	286(56.1%)	16(3.9%)
	外企	113(22.5%)	122(23.9%)	−9(−1.4%)
	个体	43(8.5%)	23(4.5%)	20(4.0%)
	其他	5(1.0%)	6(1.2%)	−1(−0.2%)
企业规模	<100人	219(43.2%)	197(38.9%)	22(4.3%)
	100—499人	146(28.8%)	186(36.7%)	−40(−7.9%)
	500—999人	58(11.4%)	79(15.6%)	−21(−4.2%)
	1000—2999人	48(9.5%)	36(7.1%)	12(2.4%)
	>3000人	36(7.1%)	9(1.8%)	27(5.3%)

(三) 样本的来源地分布

从外来务工人员的来源地看(见表3),我们发现:在珠三角,来源地排前10位的是广东、湖南、四川、湖北、广西、河南、江西、安徽、贵州和重庆;长三角排前10位的是江苏、安徽、四川、河南、江西、浙江、湖北、重庆、山东和湖南。这样的分布情况可能与地理距离或交通成本有关(如排前2位的都是本省和紧邻的省)。

第七章 员工福利与社会保障研究案例

有趣的是,川、鄂、豫、赣四省始终排前7名,而除本省及桂、黔、鲁三省之外,珠三角和长三角的外来务工人员来源地基本上是重叠的。这些情况可能与各省总人口及外出务工人员的规模等因素有关。

表3 两地外来工来源地分布对比

珠三角				长三角			
省份	人数	%	排序	省份	人数	%	排序
广东	99	19.4	1	江苏	117	22.9	1
湖南	87	17.1	2	安徽	103	20.1	2
四川	82	16.1	3	四川	52	10.2	3
湖北	46	9.0	4	河南	51	10.0	4
广西	44	8.6	5	江西	43	8.4	5
河南	37	7.3	6	浙江	41	8.0	6
江西	31	6.1	7	湖北	22	4.3	7
安徽	19	3.7	8	重庆	14	2.7	8
贵州	17	3.3	9	山东	12	2.3	9
重庆	14	2.7	10	湖南	11	2.1	10
其他	34	6.6		其他	46	9.2	
合计	510	100		合计	512	100	

二、工资与福利

(一)月工资

珠三角和长三角两地外来工当前的月平均工资与性别、年龄、外出时间、受教育程度、所在企业的性质、规模以及省籍的交互分类组成了表4。

表4 两地外来工的月工资差异情况(元)

		珠三角		长三角		差距
		频数	月平均工资	频数	月平均工资	
总体		512	926.18	512	1191.84	-265.66
性别	男性	286	988.12	314	1209.93	-221.81
	女性	226	844.93	198	1163.43	-318.50

续表

		珠三角		长三角		差距
		频数	月平均工资	频数	月平均工资	
年龄	15—19 岁	100	742.60	61	813.61	−71.01
	20—24 岁	178	908.66	168	1178.62	−269.96
	25—29 岁	110	997.26	123	1338.86	−341.60
	30—34 岁	52	1086.92	73	1266.16	−179.24
	35—39 岁	34	963.64	53	1309.43	−345.79
	40 岁以上	36	1033.33	30	1016.67	16.66
第一次外出	不足一年	50	759.40	43	890.70	−131.30
	1 年	92	797.83	99	1036.97	−239.14
	2 年	62	867.26	97	1215.34	−348.08
	3 年	53	830.38	62	1120.48	−290.10
	4 年	49	901.02	35	1085.71	−184.69
	5 年	44	1059.09	39	1620.51	−561.42
	6 年	22	1218.18	25	1268.00	−49.82
	7 年及以上	113	1083.27	98	1364.59	−281.32
教育	小学及以下	78	938.08	72	1011.92	−73.84
	初中	276	834.93	240	1087.46	−252.53
	高中、技校、中专	125	1050.00	155	1285.48	−235.48
	大专	16	1446.88	42	1751.19	−304.31
企业性质	国有	16	1300.00	24	938.33	361.67
	乡镇	24	872.50	48	1497.92	−625.42
	私营	295	914.61	286	1046.85	−132.24
	外资或合资	108	974.17	122	1438.52	−464.35
	个体户	43	820.93	23	1270.87	−449.94
企业规模	(1)100 人以下	213	890.38	197	1029.49	−139.11
	(2)100—499 人	142	890.28	186	1195.58	−305.30
	(3)500—999 人	56	1084.82	79	1440.63	−355.81
	(4)1000—2999 人	48	951.04	36	1477.78	−526.74
	(5)3000 人以上	36	1006.67	9	1138.89	−132.22
省籍	本省籍外来工	97	869.90	154	1206.49	−336.59
	外省籍外来工	399	939.17	355	1185.49	−246.32

我们再将工资收入等情况和两地的城市进行交互分类,形成了表5。

表5 两地城市与工资的交互分类(元)

省	市	样本数	最低工资标准*	平均月工资	差额	工资省内排序	工资总排序
广东省	广州市	92	684/574	964.27	335.27	3	8
	东莞市	110	574	865.41	291.41	5	12
	佛山市	99	574/494	881.82	347.82	4	11
	惠州市	40	494/410	986.49	534.49	2	6
	江门市	10	494	818	324	8	15
	深圳市	103	特区内690/特区外580	1036.76	401.76	1	5
	中山市	20	574	849	275	6	13
	珠海市	38	684/574	820.97	191.97	7	14
	小计	512	565.13	902.84	337.71		
上海市		100	690	1042.5	352.5		4
江苏省	苏州市	112	620	1643.34	1023.34	1	1
	无锡市	63	620/500	1222.95	662.95	2	2
	常州市	40	620/500	905	345	3	10
	小计	215	580	1257.1	677.1		
浙江省	杭州市	109	620	1164.84	544.84	1	3
	嘉兴市	39	560	970	410	2	7
	台州市	49	560/510	906.12	371.12	3	9
	小计	197	571.67	1013.65	441.98		
长三角小计		512	592.14	1122.11	529.97		
两地差距(珠-长)			-27.01	-219.27	-192.26		

注:*"最低工资标准"即各城市"全日制月工资最低工资标准",数据来源于各相关城市劳动局网页资料。

根据表4和表5的数据,对珠三角、长三角两地外来工的工资差异情况可做如下讨论:

(1)从总体差异来看,珠三角外来工的月平均工资比长三角低265.66元,占了外来工1000元左右的月平均工资的1/4,差距十分明显。

（2）从性别差异来看，珠三角女性工人的月工资低于长三角的程度更甚于男性的差异。

（3）从各年龄段来看，珠三角除了40岁以上的工人工资略高于长三角以外，其余各年龄段的工资均低于长三角。尤其是占样本多数的20—29岁的工人工资差距很大，比长三角低了270—340元。

（4）从工龄（以外来工第一次外出的时间为工龄起点）来看，各工龄段的工资均是珠三角低于长三角。此外，工龄在6年以内的珠三角地区外来工，其工资基本上随着工龄增长而增长。而在长三角，外来工的平均月工资与工龄没有显示出线性的相关关系。

（5）从教育来看，不同教育程度的工人工资也都是珠三角低于长三角。如果看教育（人力资本）对工资的影响，则珠三角的相关度低于长三角，珠三角小学及以下的工资高于初中的工资，而这一现象虽可能与年龄（或工作经历）有关，但长三角却没有这种特异情况存在，长三角小学文化以下的外来工的平均年龄还高于珠三角。

（6）从企业性质来看，珠三角各类性质的企业的工资差异排序是"国有—外企—私营—乡镇—个体"，长三角的排序是"乡镇—外企—个体—私营—国有"。珠三角的国有企业工资高于长三角，其他类型的企业均低于长三角。

（7）从企业规模（按人数分为5类）来看，珠三角各类规模的企业工资均低于长三角。珠三角各类规模企业的工资差异排序是3—5—4—1—2，其中1、2类几乎相等，3类最高。长三角的排序是4—3—2—5—1，其中3、4类企业工资显著较高，而且在4类以下工资与规模相关显著。

这里有两点两地共同的现象：一是小型企业工资都很低，这些企业较可能是私有个体企业。二是3000人以上的大企业反而工人的工资偏低。一般来说这样的大型企业都属于较为正规的制造业，属于劳动密集型，工资偏低的可能原因是企业越大生产线上的普通工人越多，而普通工人的工资是偏低的。

（8）从省籍来看，珠三角和长三角的情况不同：珠三角的本省人工资比外省人工资低69.93元，而长三角则是本省人工资比外省人高21元。这可能是由于两地本省籍的工人的人力资本差异所致。

（9）我们还将制造业、商业服务业、交通运输业、建筑业等行业的工资情况进行了比较，发现行业之间的工资分布没有明显的差异，因而没有将这部分数据专项列出来。外来工工资之所以没有表现出行业差异，我们认为，可能是由于外来工的工作职位较低，绝大部分是普工，而普工的行业差异并不大。

（10）从城市之间的差异来看，珠三角各城市的外来工工资基本上都低于长三角。外来工的平均月工资排在前4位的城市都在长三角，排在最后5位的都在珠三角。其中，苏州市排第1位，上海第4位，深圳第5位，广州第8位。

（二）福利待遇

对于外来工的福利待遇，我们测量了工伤保险、医疗保险、养老保险、病假工资、带薪休假、产假工资等六个方面的内容，具体情况见表6。

表6 两地企业福利待遇情况

企业待遇项目	珠三角		长三角		差距(%)
	人数	%	人数	%	
工伤保险	224	43.75	262	51.17	-7.42
医疗保险	108	21.09	232	45.31	-24.22
养老保险	73	14.26	149	29.1	-14.84
三项保险平均百分比		26.37		41.86	-15.49
病假工资	118	23.05	163	31.84	-8.49
带薪休假	97	18.95	53	10.35	8.6
产假工资	57	11.13	72	24.06	-12.93
三项福利百分比		17.71		22.08	-4.37
各种福利的平均百分比		22.04		31.97	-9.93

根据表6，我们在数据分析中有如下几方面的发现：

（1）在三项职工保险中，总体上珠三角、长三角两地工伤保险的执行情况均明显好于其他险种，但与有关法规规定的所有工人都要购买工伤保险的要求还差得太远。

(2) 就地区差异而言，珠三角企业提供的福利待遇，除"带薪休假"一项的比例相对较高之外，其余各项比例均低于长三角。

我们假定，外来工的福利待遇主要取决于企业管理政策而与工人个体差异关系较小。因此我们将外来工对上述六项福利待遇的选择与企业的性质和规模分别进行交互分类，以便分析不同性质和规模的企业因其内部管理差异产生的对福利待遇的影响，希望在此基础上进而观察珠三角、长三角两地更深刻的差异情况。

从表7中，我们得到了如下两点结论：

(1) 在不同性质的各类企业中，珠三角外来工福利待遇的排序是国有>外资>乡镇>私营>个体；长三角的排序是外资>乡镇>国有>私营>个体。

两地的共同之处是外资企业相对较好，而私营特别是个体企业都很差。两地的差异在于珠三角的国有企业与长三角的乡镇企业形成了明显的对照。珠三角国有企业的福利待遇高于长三角较多，外资和乡镇企业均低于长三角而且差距较大，平均少了1项多，私营企业略低，个体略高。

(2) 珠三角不论企业规模大小，其福利待遇都比长三角要差。在不同规模的各类企业中，两地外来工的福利待遇与企业规模之间均表现出相同的关系：企业规模越小的福利待遇越差，反之则越好。

表7 两地企业类型与外来工福利待遇的交互分类

企业类型		珠三角				长三角			
		样本频数及比例	6项总选择平均数	选择平均数	排序	样本频数及比例	6项总选择频数	选择平均数	排序
性质	国有	16(3.13%)	50	3.13	1	25(4.9%)	36	1.44	3
	乡镇	24(4.69%)	33	1.38	3	48(9.4%)	131	2.73	2
	私营	302(59.00%)	345	1.14	4	286(56.1%)	386	1.35	4
	外资	113(22.07%)	204	1.81	2	122(23.9%)	354	2.90	1
	个体	43(8.04%)	31	0.72	5	23(4.5%)	10	0.43	5
	其他	14(2.73%)				8(1.2%)			
	合计	512(100%)	663	1.29		512(100%)	917	1.79	

第七章　员工福利与社会保障研究案例

续表

企业类型		珠三角				长三角			
		样本频数及比例	6项总选择频数	选择平均数	排序	样本频数及比例	6项总选择频数	选择平均数	排序
规模	<100人	219(43.2%)	200	0.91	5	197(38.8%)	239	1.21	5
	100—500人	146(28.8%)	160	1.10	4	186(36.6%)	355	1.91	4
	500—1000人	58(11.4%)	121	2.09	3	79(15.6%)	206	2.61	3
	1000—3000人	48(9.5%)	103	2.15	2	36(7.1%)	105	2.92	2
	>3000人	36(7.1%)	84	2.33	1	9(1.8%)	21	10.50	1
	合计	512(100%)	668	1.30		512(100%)	926	1.81	

三、权益保障

（一）劳动合同

劳动合同是确立劳资双方权益关系的制度形式，也是外来工权益保障的制度性措施之一。我们认为，签订劳动合同问题主要与企业的所有制性质及规模有关。因为企业性质与规模可能会影响到企业自身管理的制度化与正规化建设，从而进一步影响到员工的权益保护问题。有许多研究曾经涉及这一问题并提出了自己的看法，我们将在本文最后一部分来讨论这一问题。

我们将未签订劳动合同的情况和企业的性质与规模交互分类，得到表8。

表8　两地不同类型企业与未签订合同的交互分类

企业类型		珠三角（未签合同）			长三角（未签合同）		
		频数	%	排序	频数	%	排序
性质	国有	2	12.5	5	9	36.0	3
	乡镇	10	41.7	3	5	10.4	5
	外资	45	40.2	4	16	13.1	4
	私营	167	55.3	2	170	59.4	2
	个体	33	76.7	1	18	85.7	1
	其他	11			6		
	合计	268	52.4		221	43.3	
	有效样本	511			510		
	两地差距：52.4%-43.3%=9.1%						

续表

企业类型		珠三角(未签合同)			长三角(未签合同)		
规模	<100 人	150	68.49	1	124	63.59	1
	100—499 人	74	50.68	2	65	34.95	2
	500—999 人	12	21.05	5	18	22.78	4
	1000—2999 人	18	37.5	3	8	22.22	5
	>3000 人	12	33.33	4	3	33.33	3
有效样本		507			507		

对表 8 的数据进行分析,我们发现:

(1) 从地区差异来看,珠三角未签订正式劳动合同的样本高达 52.0%,比长三角高 9 个百分点。

(2) 就企业性质而言,未签订合同的人数比例最高的都是个体与私营企业,这两类企业珠三角略好于长三角。比例最低的在珠三角是国有企业,长三角则是乡镇企业。但在外资与乡镇企业中,珠三角未签订合同的比例却远高于长三角。其中也许有样本偏差的影响,但较高的比例差异仍在相当程度上反映了总体上的地区差别。

(3) 就企业规模而言,两地未签订合同的比例最高的都是 500 人以下的企业,特别是 100 人以下的企业更为严重,而珠三角甚于长三角。而值得注意的是,在 3000 人以上的大企业中,也有较高比例的企业没有签订合同。

(二)权益侵害及投诉

关于外来工的权益问题,我们还调查了在企业内部的工资待遇及劳动保护等方面有没有权益受侵害的经历以及他们在企业外部的投诉情况。

数据显示,总体上珠三角外来工人在企业内部的劳动权益受侵害者比长三角多(珠 133 人,占总样本 26.0%;长 90 人,占 17.6%),在受侵害者中,向企业外部的有关机构投诉的也较多(珠 33 人,占 24.8%;长 15 人,占 16.7%)。

进一步考察不同类型企业中外来工劳动权益受侵害的情况,就企业性质而言,珠三角、长三角两地情况有较大差别。珠三角是外资、私营和国有企业情况较严重,个体与乡镇程度较轻。而长三角则是个体和私营较严重,国有、外资与乡镇程度较轻。共同的表现是私营企业较为严重(见表9)。就企业规模而言,两地都是3000人以上的大型企业较为严重,500人以下次之,而500—3000人的中等企业程度较轻,两地显示较高的一致性。

表9 两地企业类型与工人劳动权益受侵害情况的交互分类

	企业类型	珠三角				长三角			
		工人样本数	受侵害频数	平均	排序	工人样本数	受侵害频数	平均	排序
性质	国有	16(3.13%)	4	0.25	2	25(4.9%)	2	0.08	4
	乡镇	24(4.69%)	4	0.17	4	48(9.4%)	4	0.08	4
	私营	302(59.00%)	75	0.25	2	286(56.1%)	57	0.20	2
	外资	113(22.07%)	39	0.35	1	122(23.9%)	19	0.16	3
	个体	43(8.40%)	8	0.19	3	23(4.5%)	7	0.30	1
	其他	14(2.73%)	2			8(1.2%)	1		
	合计	512(100%)	132	0.26		512(100%)	90	0.18	
规模	<100人	219(43.2%)	61	0.28	3	197(38.9%)	41	0.21	2
	100—499人	146(28.8%)	43	0.29	2	186(36.7%)	35	0.19	3
	500—999人	58(11.4%)	11	0.19	4	79(15.6%)	8	0.10	4
	1000—2999人	48(9.5%)	6	0.13	5	36(7.1%)	2	0.06	5
	>3000人	36(7.1%)	11	0.31	1	9(1.8%)	3	0.33	1
	合计	512(100%)	132	0.26		512(100%)	89	0.17	

(三)人身权利

在企业的管理制度中,有些内容涉及基本的人身权利。我们通过询问外来工外出期间经历过的"事件"(包括限定吃饭时间、上班时不准喝水、上班时不准上厕所、被怀疑偷窃、被搜查、被关押、被管理人员殴打共七个问题),测量了外来工在"生活需求"和"人身安全"这两项基本人权方面遭受的不正当待遇情况。

总体上,珠三角外来工遭受人身权利方面的不正当对待的情况比长三角严重。在上述七项事件中,珠三角平均每人遭受过0.76

项,长三角每人平均为 0.60 项。其中,两个地区外来工被"限定吃饭时间"一项的频数都明显高于其他选项。

在进一步的分析中,上述"事件经历"的汇总数据显示,与前述工资、福利及劳动权利等问题不同,两地都是国有和乡镇企业的外来工在人身权利方面遭遇到不正当待遇较多,外资企业居中,私营和个体企业反而较少。但外来工的人身权利基本上不受企业规模影响。

表 10 两地企业类型与外来工不正当人权待遇的交互分类

企业类型		珠三角				长三角			
		工人样本数	频数	平均数	排序	工人样本数	频数	平均数	排序
性质	国有	16(3.13%)	18	1.13	1	25(4.9%)	21	0.84	2
	乡镇	24(4.69%)	22	0.92	2	48(9.4%)	45	0.94	1
	私营	302(59.00%)	241	0.80	3	286(56.1%)	135	0.47	4
	外资	113(22.07%)	79	0.70	4	122(23.9%)	95	0.78	3
	个体	43(8.40%)	30	0.70	4	23(4.5%)	10	0.43	5
	其他	14(2.73%)				8(1.2%)			
	合计	512(100%)	390	0.76		512(100%)	306	0.60	
规模	<100 人	219(43.2%)	152	0.69	4	197(38.9%)	89	0.45	4
	100—500 人	146(28.8%)	123	0.84	2	186(36.7%)	123	0.66	3
	500—1000 人	58(11.4%)	44	0.76	3	79(15.6%)	69	0.87	1
	1000—3000 人	48(9.5%)	31	0.65	5	36(7.1%)	26	0.72	2
	>3000 人	36(7.1%)	38	1.06	1	9(1.8%)	2	0.22	5
	合计	512(100%)	388	0.76		512(100%)	309	0.60	

四、外部环境

(一)户口问题

关于外来工工作所在地的外部环境问题,我们主要测量了户口和社会治安两方面的情况。在本次调查中,我们询问了外来工由于没有本地户口而在打工生涯中可能遇到的种种"麻烦事",包括"因无暂住证而受到处罚""有的工作岗位不能应聘""受到当地政府的

第七章 员工福利与社会保障研究案例

管理太多""小孩入学校要交高额赞助费""年年要回家办计划生育证""生活没有安全感""不被当地人信任""感到受歧视""不能买手机""各方面感觉不方便""交流麻烦"等。

将各种"麻烦事"进行汇总之后,我们对两地的差异进行了分析。总体上,珠三角地区外来工因为户口问题"不感到麻烦"的比例低于长三角,遇到"麻烦事"的比例则大大高出长三角,相差17.8个百分点。

我们假定户口问题及其给外来工带来的麻烦在各个城市和地区内部基本上是一致的,而差距主要表现在各城市或地区之间。为此,我们对两地各城市外来工的"麻烦事"进行了交互分类。结果是珠三角有5个城市排在前6位,而长三角则基本上都排在较为靠后的位置。

表11 两地外来工对没有本地户口的感受

	珠三角		长三角		差距
	频数	百分比	频数	百分比	
无麻烦	233	45.5	325	63.5	−18%
有麻烦	276	53.9	185	36.1	17.80%
有效频数	509		510		
合计频数	512		512		
麻烦事合计/平均数	603/2.18		372/2.01		231/0.17

表12 两地外来工没有本地户口的麻烦的城市比较

省	市	样本数	麻烦事件	每人平均	省内排序	总排序
广东省	广州市	92	124	1.35	2	2
	东莞市	110	140	1.27	3	4
	佛山市	99	117	1.18	5	6
	惠州市	40	22	0.55	7	12
	江门市	10	5	0.50	8	13
	深圳市	103	104	1.01	6	9
	中山市	20	44	2.20	1	1
	珠海市	38	47	1.24	4	5

续表

省	市	样本数	麻烦事件	每人平均	省内排序	总排序
上海市		100	96	0.96		10
江苏省	苏州市	112	20	0.18	2	14
	无锡市	63	10	0.16	3	15
	常州市	40	51	1.28	1	3
浙江省	杭州市	109	113	1.04	2	8
	嘉兴市	39	26	0.67	3	11
	台州市	49	56	1.14	1	7
合计		1024	972	0.95		

(二) 社会治安

外来工工作所在地的社会治安环境如何，他们的人身安全能否得到保障，或者说有没有遭遇过影响人身安全与权利方面的事件？为此，我们调查了外来工在打工期间涉及人身安全的各种"事件经历"，包括被偷、被抢劫、被骚扰、在厂外被打、发生交通事故、被警察抓、被警察打、被警察罚款等八个选项。

对两地各城市外来工所遇到的人身安全"事件经历"数据汇总之后，我们发现：珠三角地区外来工"事件经历"的比例大大高于长三角，前者平均每人2.18次，后者仅1次。珠三角有5个城市排在前6位，而长三角除了1个城市之外，其余都排在较为靠后的位置。

在珠三角内部，排在前面的几个城市是东莞、佛山、深圳和广州，其中东莞的比例数倍于其他城市。在长三角，排在前面的是嘉兴和常州，上海也不算低。

另外，如果将被偷、被抢劫、被骚扰、在厂外被打、发生交通事故等合并，则珠三角有这些遭遇的外来工比例为19.66%，长三角为9.7%，两地差距为9.96个百分点。两地共同之处是其中被偷的比例非常大。

将被警察抓、被警察打、被警察罚款合并，则珠三角有这些遭遇的外来工比例为4.80%，长三角为4.03%，两地差距为0.77个百分点,其中珠三角被抓的偏多,长三角则是被罚款的偏多。两地被打的经历都较少,但也都有1%,如果推论到总体的话,这是一个不低的比例。

表13 两地外来工人身安全"事件经历"的城市比较

省	市	样本数	事件经历次数	每人平均	省内排序	总排序
广东省	广州市	92	164	1.78	4	4
	东莞市	110	459	4.17	1	1
	佛山市	99	191	1.93	2	2
	惠州市	40	54	1.35	6	6
	江门市	10	1	0.10	14	14
	深圳市	103	191	1.85	3	3
	中山市	20	26	1.30	6	8
	珠海市	38	28	0.74	7	11
	小计	512	1114	2.18		
上海市		100	132	1.32		7
江苏省	苏州市	112	43	0.38	2	12
	无锡市	63	10	0.16	3	13
	常州市	40	64	1.60	1	5
	小计	215	117	0.54		
浙江省	杭州市	109	140	1.28	2	9
	嘉兴市	39	72	1.85	1	3
	台州市	49	50	1.02	3	10
	小计	197	262	1.33		
长三角小计		512	511	1.00		
合计		1024	1625	1.59		

五、总结和讨论

(一)珠三角外来工人的生存状况远不如长三角

珠江三角洲与长江三角洲两地外来工在工资、福利待遇、基本权益及外部环境等方面存在着全面的、明显的差异。

在工资方面,两地外来工的月平均工资总体上相差甚远,无论是按性别、年龄、学历、工龄、企业性质与规模,还是不同省籍来细分,也都是珠三角低于长三角。其中,女性工资差距几乎达到1/3。甚至城市最低工资标准平均起来看也是前者低于后者。

在福利待遇方面,工伤保险、医疗保险、养老保险、病假工资、产假工资等各项基本福利都是珠三角不如长三角,只有带薪休假一项珠三角略好。

在权益保障方面,无论是未签订合同的人数比例,还是企业内部的劳动权益受侵害以及人身权利遭受不正当对待等方面,珠三角都比长三角的问题严重。在企业外部的社会环境方面,无论是户口问题所带来的麻烦还是人身安全方面的遭遇,也同样是珠三角比长三角的状况糟糕。

总之,由此可以得出一个基本的、总体性的、客观的重要结论是:珠三角外来工人的状况远不如长三角。

(二) 人力资本差异是两地外来工状况差距的基本原因之一

珠三角与长三角外来工基本状况的差异原因何在?我们首先考虑的是两地人力资本的差异。

一是珠三角外来工样本的年龄低于长三角,平均小1.43岁;二是受教育程度珠三角比长三角低,珠三角的初中及以下学历的高于长三角,而高中及以上学历(尤其是中专和大专)则低于长三角;三是性别方面珠三角女性偏多,而长三角则男性偏多。我们认为外来工的人力资本差异可能是导致他们基本状况差异的基本原因之一。

但在进一步分析中我们还发现:男女性别的工资差异珠三角高于长三角,各年龄段、工龄、学历等人力资本的工资分布偏差也大于长三角。

(三) 制度环境差异是最根本的原因

我们将企业类型(所有制性质和规模)与外来工状况进行交互分类之后,发现两地在工资、福利待遇和权益保障等方面的共同之处是个体与私营企业都相对较差。不同之处是珠三角的国有企业相对

第七章　员工福利与社会保障研究案例

较好,而长三角则是乡镇企业相对较好。我们再将两地的城市与外来工的状况进行交互分类之后,发现珠三角城市外来工的工资及外部环境基本上都比长三角差。就企业和城市差异而言,我们认为在外来工状况差异的背后是两地之间的制度环境差异。这里所说的制度环境差异不是指国家正式的法律法规,而是指两地不同的企业结构和由这种企业结构所形成的管理传统差异,以及地方政府与社区管理者在处理劳资关系的实际政策执行方面的差异。

社会学中的新制度学派[①]强调,顺从制度环境会给企业带来合法性,企业缺乏合法性将导致利益相关者退出,从而损害企业的组织绩效。劳资关系也是同样受企业所处制度环境塑造的。某一制度环境激励一种类型的劳资关系,而不鼓励另一类型。

制度环境的一个重要的方面是组织,即一定的地理区域中的组织(企业)之间的互动所形成的氛围。由此,我们得出的一个基本假设是:在一个地区,占主导地位的企业在互动中成为典范或标准,更可能被其他企业和社会公众"广为接受",具有某种程度上的"合法性"。因而,如果占主导地位的企业性质(这里主要指产权性质、内部结构,如外资企业、国有企业、集体企业、私营及个体企业)不同,则处理劳资关系的理性模式在众多其他企业中的扩散情形就可能不同[②]。即是说,占主导地位的企业更可能在一个地区的产业生态中成为其他组织向其趋同的处理劳资关系的领头者(被模仿、学习的参照对象)。正如已有的扩散研究所揭示的,劳资关系的扩散模型是与企业间的相似性密切相关的,即当传播者与采纳者具有相似的组织结构、商业背景和组织形式时,扩散就越有可能发生。

从经验证据来看,我们还会发现,一方面企业越正规化(包括组织结构、制度化、经营计划),越可能需要正规的劳资关系;另一方面,

---

① John W. Meyer and Brian Rowen, "Institutionalized Organizations: Formal Structure as Myth and Ceremony", *American Journal of Sociology*, Vol. 83, No. 2, 1977, pp. 340-63; Paul DiMaggio and Walter Powell, "The Iron Cage Revisited: Institutional Isomorphism and Collective Rationality in Organizational Fields", *American Sociological Review*, Vol. 48, No. 2, 1983, pp. 147-160.

② Xueguang Zhou, Qiang Li, Wei Zhao and He Cai, "Embeddedness and Contractual Relationships in China's Transitional Economy", *American Sociological Review*, Vol. 68, No. 1, 2003, pp. 75-102.

扩散更可能在具有相同组织性质的企业中发生。也即是说,第一,越是正规企业越可能成为扩散中的领头者;第二,在整个产业生态中,同类企业的劳资关系与性质不同的企业劳资关系相比,模仿更容易,更趋向于具有相似性。

珠江三角洲和长江三角洲企业结构的差异表现为:(1)在外资方面,珠三角以我国港台地区的中小企业为主,而长江三角洲有较多的后于珠三角被引进的欧美日韩以及港台地区的较为大型的企业;(2)珠三角国有企业较少,而长三角较多;(3)珠三角除个别地方外较为缺乏乡镇企业的传统,而长三角特别是苏南具有浓郁的乡镇企业传统;(4)珠三角的私有、个体企业主要是依附港台企业而发展起来的,而长三角则更多是由乡镇企业转制而来的。

根据过往的研究,企业的性质和规模对于工人的权益保障是有影响的,这种影响具体表现为:第一,国际大资本更可能按照国际惯例行事,也会将所在国的管理传统带入投资国,因而可能给工人较好的待遇和权益保障;第二,国有企业存在着处理劳资关系的社会主义传统;第三,乡镇企业原来是社区型的企业,劳资关系深深地嵌入社区的人际关系网络之中,对工人过于刻薄和劳资关系过于紧张都难以得到社区居民的认同;第四,私有个体经济由于其产权特性和规模过小,处于发展的初级阶段,对劳资关系的处理还比较简单粗糙。

如果我们承认上述论述的正确性,那么对于珠三角和长三角外来工人状况差异的如下解释就是合乎逻辑的了:在珠三角,港台的中小企业和依附它们而发展起来的私有个体企业成为企业的主体,国有企业的社会主义传统和乡镇企业的社区关系网络传统都较为缺乏,对劳资关系的处理就必然是简单粗糙的,对工人的待遇就相对来说是较为刻薄的。在长三角,国有企业的社会主义传统和乡镇企业的社区关系网络传统较为深厚,在时间上稍后于珠三角被引进的国际大资本在管理上比之港台的中小企业应该更人性化一些。

在珠江三角洲,改革开放之初大量涌入的以港台中小资本为代表的企业以及这些企业处理劳资关系的模式成为其他企业纷纷模仿的对象,香港的中小资本成了一个"参照标本"。它们对内地经济发展的贡献所形成的光环掩盖了其劳资关系方面存在的问题。它们处理劳资关系的基本取向是"市场化"的。在珠三角其他企业学习甚至照搬港台中小企业处理劳资关系的手法之后,因为差不多所有企业都是这样运作的,便形成了某种广为接受的"合法性",尽管这并不是真正意义上的符合国家法律法规和人们伦理道德价值观的合法性。

在长江三角洲,企业处理劳资关系的模式首先受制于人际关系网络(乡镇企业)和社会主义传统(国有企业)。社区型的乡镇企业的劳资关系的紧张被私人网络关系所消解,而社会主义的意识形态给予了工人"领导阶级"的地位。在这种背景下,企业处理劳资关系的模式就必然不是纯市场取向的,而可能是受社会主义传统影响并嵌入社会结构和人际网络之中的"人情型"的模式,私有和个体企业也要向其看齐。而在规模较大的外资进入之后,国际大资本处理劳资关系的模式是"法治化"的,它们由于具有庞大的经济实力而成为其他企业的模仿对象,"法治型"和"人情型"的模式在长江三角洲就被社会"广为接受",具有了合法性。尽管外来工的大量涌入并不具有或带来与企业老板或管理人员的私人网络关系,但是,"人情型"和"法治化"的模式已经基本定型甚至成为某种文化传统。

"市场型""人情型"和"法治型"的劳资关系处理模式,就是我们所理解的珠江三角洲和长江三角洲的基本的制度环境差异。我们这样说,并不是要忽视国家法律法规和中央以及各级政府的作用,而恰恰相反,这里必然形成的一个推论就是要加强国家法律法规建设和政府执法的力度。因为根据新制度主义理论,一种制度成为社会的主导制度安排,是由某些机制所促成的,其中重要的机制之一就是"强迫性机制",而法律制度最具有强迫性,政府的作用就在于立法和执法,强迫任何社会组织和个人在法律法规(正式制度)的框架里活动。①

因而,在珠三角和长三角外来工人状况差异之中,我们也看到了

---

① 周雪光:《组织社会学十讲》,社会科学文献出版社2003年版。

政府作用在一定程度上的差异或缺失。而政府逐渐加强在社会经济生活中的监管作用,正是使得外来工人的状况得到改善的期望之所在。因为只有政府才有能力改变企业处理劳资关系的基本模式或倡导、推行更合适的劳资关系模式。我们相信,在珠三角地区尽管"市场型"的劳资关系模式已经具有历史的路径依赖,但是依靠政府的主导力量和强势介入有可能使之得到恰当的调整。在长三角,政府的作用也完全有可能使该地区企业处理劳资关系已有的优势得到发挥,不恰当之处得到调整。而更重要的是,在中央政府科学发展观与构建和谐社会理念的指导下,地方政府有责任使劳资关系变得更为合理化。

案例来源:万向东、刘林平、张永宏:《工资福利、权益保障与外部环境——珠三角与长三角外来工的比较研究》,《管理世界》2006年第6期,第38—45页。(有删改)

【案例点评】

本例的主要研究方法是比较研究,通过问卷访问法获得数据,以交互分类为主要数据分析方法,比较的对象是珠三角和长三角外来工的工资福利、权益保障和外部环境,探讨其差异及形成的原因。

本研究中的样本量相当大。调查地点为两地,外来工从事的行业、来源地等差别较大,为了保证样本的代表性要在尽可能全面抽样的基础上控制抽样的成本。调查样本时,按照城镇、企业、性别等因素进行了配额抽样,尽管这样做可以尽可能贴近两地外来工的总体,但由于未能严格概率抽样,样本与总体的误差无法准确估计。在资料收集上通过一对一的问卷访问,既可以保证回收率,同时更能对文化水平较低的受访者进行解释和指导,确保获得数据的有效性。对外来工的人口统计量包括性别、户口、教育、婚姻、企业性质、企业规模等方面。通过对样本中的来源地进行比较可以发现,来源地分布体现出地理距离和交通成本的特点,一些省份作为来源地是重合的,也有体现出可能与各省的总人口及外出务工人员规模有关。尽管这不是本研究的主要内容,但也得出了有意义的结论。

在工资与福利方面,对珠三角和长三角两地外来工当前的月平均工资与性别、年龄、外出时间、受教育程度、所在企业的性质、规模以及省籍进行了交互分类,又将工资收入等情况和两地的城市进行交互分类。通过交互分类的列表,并增设"差距"一栏,可以比较清晰地看出各种差异。例如从年龄段一行可以发现"珠三角除了40岁以上的工人工资略高于长三角以外,其余各年龄段的工资均低于长三角",又如从省籍一行可以看出"珠三角的本省人工资比外省人工资低69.93元,而长三角则是本省人工资比外省人高21元"。研究者尝试对每一种差异的原因做出解释。除了比较不同点之外,还可以发现两地区的共性,如"小型企业工资都很低,这些企业较可能是私有个体企业"。在比较研究中差异和共性同样具有价值。福利待遇方面,调查了工伤保险、医疗保险、养老保险、病假工资、带薪休假、产假工资等六方面的内容,同样进行了交互分类,增设"差距"一栏。在分析基本福利待遇的执行后,又引入企业性质和规模,分析企业类型与待遇的差别。权益保障方面,包括劳动合同和权益侵害及投诉、人身权利三方面。外部环境则分析了户口问题、社会治安,使用的同样是交互分类的方法,直观地比较其差距。通过上述的比较,本例发现珠三角外来工人的生存状况远不如长三角。为了解释这一差距,研究者提出两地人力资本的差距,这与研究中获得的数据是一致的。通过将企业类型与外来工情况的交互分类,再将两地的城市与外来工状况交互分类之后,发现在企业和城市上存在差异,推出外来工状况差异的背后是两地之间的制度环境差异,并对这一观点进行理论上的论证。

作为比较研究,本例充分比较了珠三角、长三角外来工工资福利、权益保障与外部环境等方面,明显得出了有关差异,并由比较结果探讨外来工状况差异形成的深层原因。不过,交互分类的方法尽管可以直观地看出两地的差距,但是并不能够充分地说明差异,也就是差异的显著性并没有得到论证。因此,可以进行简单的差异显著性分析。此外,由比较研究得出的结论还可以通过进一步广泛的研究加以论证。

【案例思考】

1. 比较研究有何特点?本例中被比较的主体是什么?
2. 当总体数量较大且结构复杂时,如何取样可以尽可能满足样本代表性并控制抽样成本?
3. 员工福利、社会保障包括哪些内容?本例的调查范围完善吗?
4. 如何用交互分类分析数据,这种描述统计的方法有何特点?
5. 在得到比较的结果后,本例是如何分析得出差距形成原因的?
6. 制度环境差异是两地外来工状况差异的最根本原因,这一观点是怎样被论证的?

第八章

员工激励与关系协调研究案例

本章学习目标提示

- 了解员工激励的基本要素
- 了解问卷发放如何选择样本
- 掌握根据描述统计的数据进行分析的方法
- 重点理解实验法的操作及优势

【案例呈现(一)】

异质人才的异常激励
——北京市高科技企业人才激励机制调研报告

一、引言

本文研究北京市高科技企业的人才激励机制。研究的范围主要是北京市高科技产业的两类典型企业——软件企业和生物制药企业,以这些企业的典型知识员工——经营管理人员和科技人员为主要研究对象。我们认为,本文的研究成果对北京市高科技企业人才激励问题具有普遍意义。

本研究的目的是要解决两个问题:一是了解北京市高科技企业人才需求及其满足情况,从而发现高科技企业知识员工的主要激励因素以及这些企业现行激励机制中存在的问题,为进一步完善高科技企业的人才激励机制提出相关的建议;二是了解北京市现行高科技产业发展政策在各企业的落实情况,以及发现现行政策的不足,为北京市政府进一步完善高科技发展政策提出有建设性的相关建议。

二、研究的理论依据

本研究以舒尔茨的人力资本理论、德鲁克的知识工作者激励理论和玛汉·坦姆仆的知识工作者激励模型为依据,来建立全部研究的指导思想。

在探索战后经济增长之谜时,舒尔茨发现单纯从自然资源和实物资本及劳动力的角度,不能完全解释战后的经济增长。他认为在经济增长之源的研究中一定是漏掉了什么。舒尔茨放弃了新古典经济学关于资本同质和劳动力同质的假设,开始从质的视角审视经济增长之谜,指出这个被漏掉的因素就是人力资本。舒尔茨1960年在美国经济学会年会上发表的《人力资本投资》的演讲中,第一次明确阐述了人力资本理论,使人力资本范畴进入主流经济学,同时进一步研究了人力资本形成的方式和途径,并对教育投资的收益率以及教育对经济增长的贡献做了定量研究,被誉为"人力资本之父"。[1] 高新技术产业最突出的特点就是高智力、知识密集,人力资本对高新技术产业的发展起着决定性作用。发展高新技术产业,大量物质资本投入是必不可少的,但最根本的还是人力资本,特别是技术人才和经营管理人才。在高新技术产业的发展上,检验制度安排是否适当的最终标准就是看它是否有利于人才的激励,有利于人才积极性和创

---

[1] 舒尔茨:《论人力资本投资》,吴珠华译,北京经济学院出版社1990年版。

造性的发挥。人力资本理论是构筑高新技术企业激励机制的重要理论依据。

高新技术企业的员工大都属于知识型员工。著名管理大师德鲁克对如何管理知识工作者、激励知识工作者提高工作效率进行了大量的研究,这为我们的课题研究提供了良好的理论指导。德鲁克特别在《21世纪的管理挑战》①一书中用了整整一章的篇幅来论述知识工作者的生产率问题,指出知识是一种高品位资源,知识工作者是宝贵的财富,知识工作者必须被视为资产而不是成本,管理的重要任务就是保存这种资产并发挥其作用,应重点指导知识工作者多做贡献而不只是多付出努力,这是提高知识工作者生产效率的关键,所以必须激励知识工作者把不断创新当成是自己工作责任和任务的一个重要部分。现代社会知识信息变化迅速,必须激励知识工作者持续不断地学习,以适应不断变化的环境的要求。知识工作者的工作要有自主性,必须一方面激励他们的责任心,从而对自己的工作产出负责,另一方面给予他们在工作上的充分自主性。必须帮助知识工作者排除干扰因素,使他们集中精力于自己的专业任务上,琐碎和重复性的例行工作要交给专门的办事员去办理。

如果说,舒尔茨的人力资本理论阐述了高科技企业人才激励的重要性,德鲁克的知识工作者管理理论特别指出了高科技人才激励的特殊,那么,著名知识管理专家玛汉·坦姆仆的知识工作者激励模型则进一步研究了知识工作者的具体激励因素和机制。玛汉·坦姆仆通过大量的调研,总结了知识工作的主要特点,并研究了知识工作者的主要激励因素,最后在此基础上建立了知识工作者激励模型。玛汉·坦姆仆认为,知识工作具有以下主要特点:(1)工作过程难以观察;(2)工作成果不易衡量;(3)工作的顺利程度有赖于知识员工发挥自主性;(4)知识员工往往是某领域的专家,而管理者在这些领域往往是外行;(5)知识工作者对组织的依赖性低,组织与知识员工之间是一种相互需要的关系。由于知识工作的特点,在知识社会如

---

① 杜拉克(德鲁克):《21世纪的管理挑战》,刘毓玲译,生活·读书·新知三联书店2000年版。

何激励员工就显得特别重要。对于如何有效激励知识员工,传统的激励理论不能提供全部的答案。玛汉·坦姆仆在实证调研的基础上提出了专门针对知识工作者的四个主要激励因素,它们是个体成长、工作自主、业务成就、金钱财富。该研究还根据调查数据对这些主要激励因素的重要性进行了排序,其结果是:个体成长占33.74%,工作自主占30.51%,业务成就占28.69%,金钱财富占7.06%。玛汉·坦姆仆的理论认为,金钱财富对员工激励的重要性虽然不可忽视,但是如果能尽量满足员工的个体成长、工作自主和业务成就的需要,则对他们的激励将更为有效。在此基础上,他归纳出知识工作者的激励模型,此激励模型主要提出以下激励机制:培养员工的工作成就感、培养员工的工作能力和创造性、创造有利的工作环境、建立员工明确的目标观念、提供知识与信息的充分交换。

在上述理论的指导下,我们试图通过实证调研去探究北京市高科技产业人才需求的特殊性及其满意程度,以找到相关的激励因素,为企业和政府的相关人才激励机制和政策提供建议。

三、研究的方法和工具

(一)研究方法

本研究参考著名知识管理专家玛汉·坦姆仆的知识工作者激励模型,以个体成长、工作自主、业务成就、金钱财富、人际关系为主要因素,来设计企业人才激励机制问卷。其中,人际关系这个因素是我们根据中国国情尝试着加进去的第五个因素,从而研究在北京高新技术企业中,员工对上述各种需求重要程度的看法及其实际满足程度。通过调查来发现高科技企业知识员工的主要激励因素,以及现行人才激励机制的不足和存在的问题,从而提出进一步完善人才激励机制的建议。

（二）研究取样

本研究的调查对象为北京市软件企业和生物制药企业。共向27家企业的29位高层管理人员和520位员工发出问卷。高层管理人员的问卷全部有效。员工调查问卷中有效问卷为397份。

样本结构如下：软件企业占68.8%，生物制药企业占31.2%；男性占56.2%，女性占43.8%；93%以上的员工接受了本科及本科以上教育；约65%的员工拥有技术背景。

（三）分析工具

本研究以SPSS软件进行资料分析，具体使用方法包括：针对本研究所设计的问卷项目的信度检验；针对被调查对象的个体成长、工作自主、业务成就、金钱财富和人际关系的描述性统计分析；T检验和单因子变异数分析（ANOVA）。

四、研究的结论与建议

（一）高科技人才的需求满意度分析

这部分的研究参考著名知识管理专家玛汉·坦姆仆的知识工作者激励模型，以个体成长、工作自主、业务成就、金钱财富、人际关系为主要因素，来设计企业人才激励机制问卷，从而研究在北京高新技术企业中，员工对上述各种需求重要程度的看法及其实际满足程度。通过调查来发现现行人才激励机制的不足和存在的问题，从而提出进一步完善人才激励机制的建议。

为了强化对五因素的分析，分别针对各因素设计排序题，对此部分的数据处理采取加权求和平均法，即按所选项目重要程度，分别记5、4、3、2、1分，再以每项中的有效频率作为权重，可计算得出各选项的得分，并以此作为排序依据（见表1）。从表1数据可以看出，对于高科技企业的知识员工来说，五大需求因素中，排在第一位的是个体成长（个体成长得分为395.8），所以说，促进个体的职业成长是高科技企业知识员工的第一激励因素;其次,他们还希望能在本职工作中体现出自己所做贡献的价值,即希望有强烈的业务成就感(业务成就得分为328.5);特别要注意的是,高科技企业知识员工对金钱财富的需求度位列五因素的第三位(金钱财富得分为298.8);最后,才是想争取工作自主权(工作自主得分为244.7),并希望在公司拥有和谐的人际关系(人际关系得分为232.3)。

表1 五因素需求度分析

	迫切需要(%)	很需要(%)	较需要(%)	较不需要(%)	最不迫切需要(%)	得分
工作自主	8.1	14.1	22.5	25.1	30.1	244.7
个体成长	44.9	26.2	12.8	11.8	4.5	395.8
业务成就	18.8	25.1	29.1	19.6	7.6	328.5
人际关系	8.4	11.0	17.5	30.4	33.0	232.3
金钱财富	19.8	23.6	18.1	13.1	24.9	298.8

对于公司所提供的激励政策,高科技企业员工普遍认为在五因素中,业务成就、工作自主与个体成长是感到比较满意的方面(业务成就得分为328.7,工作自主得分为327.2,个体成长得分为327);其次是人际关系(人际关系得分为321.3);最不满意的是金钱财富(金钱财富得分为196.3)。尽管相比而言,高科技企业员工的收入水平要高于国内其他许多行业,但公司所给薪酬与员工认为应得的仍有一定的差距,这点尤其体现在国有企业中(见表2)。

表2 五因素满意度分析

	非常满意(%)	比较满意(%)	有些满意(%)	不太满意(%)	最不满意(%)	得分
工作自主	27.0	20.6	20.3	16.9	15.1	327.2
个体成长	22.6	25.3	19.3	22.1	10.7	327.0
业务成就	19.7	23.4	31.3	17.2	8.3	328.7
人际关系	24.2	20.6	20.3	22.1	12.8	321.3
金钱财富	6.5	10.2	8.9	21.6	53.1	196.3

为了深入分析高科技人才的需求,我们还把除人际关系以外的

四个因素进行了细化,以细致深入地了解各种需求的内部结构。

以下是有关的研究结论:对于影响个人成长因素的看法,员工们最看重的是发展机会,他们深知只要公司提供给他们发展的机会,他们就会通过这一契机获得更好的成长;其次是工作兴趣和专业知识,显然从实践中学习,已被大多数人所接受;对于承担挑战性工作,对于个人成长是否起决定作用,从表3可知,绝大多数员工认为该项不是很重要,因为许多事情都是这样,干活的不一定是领奖的,可是一旦出现责任,承担责任的一定是干活的(见表3)。

表3 有关个体成长因素重要程度分析

	最重要(%)	很重要(%)	不是很重要(%)	最不重要(%)	得分
工作兴趣	27.2	21.0	22.5	29.3	246.1
专业知识	18.1	29.0	29.3	23.3	241.3
发展机会	39.1	27.5	24.6	9.1	297.2
承担挑战	15.5	22.5	23.3	38.3	214.4

有关工作自主权,员工普遍认为,最重要的是在工作方法和工作时间的选择上要充分给予自主权,其次才是在工作任务的承担和合作伙伴的选择上要拥有自主权。这说明我国高科技企业并未给予知识员工工作中本应有的自主权,以至于员工很看重确定完成任务的工作方法及确定自己的工作时间这两项自主权。对于确定自己的工作任务则属于中等程度,员工们不是不想有这个权利,而是现实中不太可能,对于确定自己的合作伙伴,员工们的看法更加消极(见表4)。

表4 有关自主权重要程度分析

有权确定	最重要(%)	很重要(%)	不是很重要(%)	最不重要(%)	得分
工作任务	25.5	24.5	26.9	23.0	252.3
合作伙伴	7.8	22.5	29.0	40.7	197.4
工作时间	30.2	27.2	21.9	20.6	266.8
工作方法	36.5	25.8	21.7	15.7	282.5

在中国,对人力资源的评价有一个很特殊的地方,就是领导认同你了,那么意味着你的升迁及业务能力得到了认可,随之而来的是更

多的发展机会;其次是自己的认可,只有这样员工才可能稳定,认为自己确实可以在这一领域有一番作为;再次是同事认可,这种认可属于一般员工可以感知到的;而同行认可,想要达到这一层次,该员工已经不是一般的员工了(见表5)。

表5 有关带来业务成就感因素重要程度分析

	最重要(%)	较重要(%)	不是很重要(%)	最不重要(%)	得分
自己认可	34.3	19.0	26.0	20.6	266.8
领导认可	43.6	34.9	14.8	6.5	315.2
同事认可	8.8	36.2	43.0	12.0	241.8
同行认可	13.2	9.9	16.1	60.9	175.6

中国虽然已迈入小康社会,但还是一个发展中国家。尽管知识分子不把金钱看作最为重要,但收入仍是一件非常重要的事情,加上由于高科技企业员工绝大多数并不居于公司中高层,所以更加看重实惠的现金收入,将该项列入最重要范围内。其次,如果有期权等未来收入,一方面说明自己已至少处于公司中层干部之列,另一方面未来收入有时甚至会超过现实收入,已成为一个不争的事实,当然较重要。实物收入算是一种福利,有比没有强,而在职消费只针对有职权的人而言很重要,对员工来说,还不够级别,自然也不太向往(见表6)。

表6 有关带来金钱财富的因素重要程度分析

	最重要(%)	较重要(%)	不是很重要(%)	最不重要(%)	得分
现金收入	68.3	23.4	4.9	3.4	356.6
实物收入	3.6	37.7	34.5	24.2	220.7
在职消费	2.6	15.1	45.2	37.1	183.2
未来收入	25.5	23.9	15.3	35.3	239.6

(二) 高科技企业人才激励机制建议

现在对上述分析做一总结。我们将高科技人才的上述五因素需求度次序和满意度次序列表(见表7)。对比分析高科技企业人才对

以上五大激励因素的需求程度和满意程度,我们可以得出以下研究结论:

首先,我们来看金钱财富这个因素。对高科技人才来说,他们并没有特别看重金钱财富(其需求次序摆在第三位),但即使这样低的金钱需求却没有得到满足(满意度排在第五位)。这说明在高科技企业中物质激励还有一个很大的空间。金钱财富主要包括现金收入、实物收入、在职消费和未来收入四个方面,从上述所分析的金钱需求的内部结构来看,金钱财富的激励应以现金收入和未来收入(期权收入)为主,特别是现金收入。

其次,我们来看个体成长这个因素。对高科技人才来说,他们最看重的就是个体成长(其需求次序摆在第一位)。但其满意程度却相对较低(满意度排第三位)。这说明对高科技企业来说,除金钱激励外,一个更重要的激励机制应当是关注员工的个体成长,关注员工的个体成长能在更大的程度上提高高科技企业员工的工作效率。个体成长主要包括工作兴趣的满足、专业知识的应用、个体发展机会和承担挑战性工作四个方面,从上述所分析的个体成长需求的内部结构来看,个体成长应更多地把关注点放在给予员工更多的职业发展机会和满足员工工作兴趣两个方面。

再次,我们来关注工作自主权这个因素。对高科技员工来说,由于工作的知识含量高,知识员工往往是某一领域的专家,而管理者却往往是外行,在这种条件下,给予知识员工相当的工作自主权是一个非常重要的激励方面。工作自主权主要包括员工在承担工作任务、选择合作伙伴、选择工作方法和安排工作时间四个方面的自主权,从上述分析来看,特别要给予员工在选择工作方法和安排工作时间方面的自主权。

最后,我们从表2的五因素满意度分析来看,将五因素的满意程度分成非常满意、比较满意、有些满意、不太满意和最不满意五个程度。对各种因素持非常满意的大都在20%左右(金钱财富这一项除外,只有6.5%的人对这一项持非常满意)。同样,对各项因素持比较满意的也大都在20%左右(金钱财富这一项除外,只有10.2%的人对这一项持比较满意)。以上的被调查员工对上述五因素持有些满意、不太满意和最不满意。这些令人惊讶的数据表明,在以上五因素的激励方面,我国高科技企业都有很大的激励机制操作空间。

表7 五因素需求度与满意度排序

	五因素满意度	五因素需求度	个体成长重要性	对自主权迫切性	业务成就重要性	金钱财富需求次序
1	业务成就	个体成长	发展机会	完成任务方法	领导认可	现金收入
2	工作自主	业务成就	工作机会	工作时间决定	自己认可	未来收入
3	个体成长	金钱财富	专业知识	工作任务决定	同时认可	实物消费
4	人际关系	工作自主	承担挑战	合作伙伴决定	同行认可	在职消费
5	金钱财富	人际关系				

注:表中"1"表示最重要或者最满意,"2"表示程度次之,以此类推。

由上述分析,我们向高科技企业建议采用以下六个方面的人才激励机制。

第一,在加大物质激励的力度的同时,建立多元化的报酬体系,使员工在物质财富上得到与自己工作成果相适应的满足。

第二,承认人才的人力资本的特质,建立高科技企业货币资本与人力资本的合作伙伴关系,让高科技人才更多地分享企业运行的最终成果并承担相应的风险。通过授予股票期权,使员工的利益与企业未来的长期发展紧密结合。

第三,在一定的企业发展战略和人力资源规划支持下,结合员工个体的职业潜能、职业兴趣、职业价值取向等来精心打造员工职业生涯计划,给员工在企业内更多的职业发展空间,并相应地制订和实施个性化培训方案。

第四,对高科技人才的管理不能类同于对一般员工的监控。在这里更多的是要给予员工工作自主权,知识员工对自己的工作内容、工作环境选择应该具有一定的发言权,特别是在工作方法和工作时间两方面要给予相当的自主权。

第五,造就学习型组织,鼓励员工不断学习,不断追求业务成就,并采取360度绩效考核体系,使员工的业务成就能得到科学公正的

第八章　员工激励与关系协调研究案例

体现。

第六，培养和造就良好的企业文化，营造宽松的人际关系环境，使员工能心情放松地投入工作。高科技企业的文化应该能体现知识员工所具有的自主性、创造性和责任感的特点，这种文化应该具有鼓励创新、允许失败、敢于负责的特征。只有在这样的文化环境中，高科技企业的知识员工才能放开手脚地开拓工作，才能使他们的潜力得到最大限度的发挥。

案例来源：文魁、吴冬梅：《异质人才的异常激励——北京市高科技企业人才激励机制调研报告》，《管理世界》2003年第10期，第110—114页。（有删改）

【案例点评（一）】

本例的研究对象是高科技企业知识员工的主要激励因素，研究的依据是舒尔茨的人力资本理论、德鲁克的知识工作者激励理论和玛汉·坦姆仆的知识工作者激励模型，以问卷法为基本研究方法。

本研究的核心是如何得出高新技术企业员工的主要激励因素。首先通过总结前人研究得到了企业的员工激励因素，即借鉴管理专家玛汉·坦姆仆的知识工作者激励模型，纳入个体成长、工作自主、业务成就、金钱财富四个因素，再结合中国的国情加入第五个因素——人际关系，最终形成企业人才激励机制问卷。问卷编制完成后，在发放问卷前要确定样本。由于本例中研究的是高新技术企业员工，相应选择了北京市的软件企业和生物制药企业。

对于高科技人才的需求满意度分析采用的是一般的描述统计法。也就是比较各项的得分。如需求分析依得分排序，得出五大需求中第一位是个体成长，此后依次是业务成就、金钱财富、工作自主、人际关系。同样地，满意度也通过比较得分的方法得出比较满意的是业务成就、工作自主、个体成长，其次是人际关系，最不满意的是金钱财富。至此，对于高新技术企业员工的激励需求要素的现状已经有了初步的了解。但是这五项需求的涵盖面较广,在实际的应用中不够明确,所以本例中对需求进行了进一步分析。分析是将每个需求(未分析人际关系)的子维度进行描述性统计,同样按照得分排序。例如在个人成长因素上,员工看重的依次是发展机会、工作兴趣和专业知识,最后才是承担挑战。

得出了激励要素的需求以及满意度之后,如何在实际人才激励中提供参考呢?为了明确这一问题,将五种激励要素按需求度次序和满意度次序列表,比较各因素在员工心中的地位以及实际上得到满足的程度。例如金钱财富的需求顺序在第三位,满意度在第五位,说明高新技术企业可以强化物质激励。金钱财富的子维度排序又提供了进一步的参考,应以现金收入和未来收入(期权收入)为主。通过对五因素的分析分别得到了相应的人才激励建议。

本例的思路清楚,通过文献确认激励因素,通过问卷调查不同因素的需求和满意度,通过比较需求和满意度之间的差距得出激励的改进意见。不过本例也存在一些问题。首先,题目为"异质人才的异常激励",却没有提出何为"异质人才",本例中的激励方式有何"异常"之处,显得题目过大;副标题为"北京市高科技企业人才激励机制调研报告",但大量的精力放在对激励五要素需求、满意度现状的调研,至于企业的具体激励机制鲜有提及。实际上是根据文献得出了主要激励要素,通过问卷研究的是在北京高新技术企业中员工对这些需求的重视程度和实际满足程度。在激励要素的确定上,并不是通过实际对高新技术企业员工的调查进行归纳,而是以既有的激励要素去调查现状,这并不如从实际中归纳更有价值。再者,激励要素是基于玛汉·坦姆仆的知识工作者激励模型提出的。知识工作者与高新技术企业的员工是否有区别?此外,人际关系维度属自行加入,其提出缺少理论的铺垫,需求分析中也没能深入。最后,在研究样本上,本例的研究对象按照"异质人才"来看,应当是高新技术企业从事高新技术的人才,而在实际调查中只有65%左右的员工有技术背景,问卷的发放缺少针对性。

第八章　员工激励与关系协调研究案例

【案例思考（一）】

1. 本例的研究目的是什么？这一研究目的达到了吗？它实际上做了哪些研究工作？

2. 本例中是如何得出高科技企业人才激励要素的？这种方法如何？是否有更好的方法？

3. 除了这五种激励要素，还可能有哪些？如何验证？

4. 问卷发放的样本应该如何选择？

5. 如何根据描述统计的数据进行分析？本例中获得的数据还可以怎样分析？

6. 高科技企业人才激励要注意哪些问题？这些建议的提出有理有据吗？

【案例呈现(二)】

团队多样性与组织支持对团队创造力的影响

一、引言

当今社会对创新能力的需求越来越迫切,对创新的要求也越来越高,高水平的创造性成就非个人之力可以完成。团队合作成为当今创造性活动较常采用的工作方式。由于团队创造力具有超越个人创造力的群体动力优势,因此世界各国愈来愈重视创新团队的建设与培养①。建设怎样的团队才更有利于团队更好地发挥团队的优势,这是本研究要解决的基本问题。团队多样性对团队创造力的影响一直为学界所关注,其中专业(或知识)异质性是最早受到研究者关注的团队多样性变量②。

随着研究的深入,研究者意识到团队多样性特征是复杂的,团队成员既可能存在专业背景上的差异,也有性别、种族等方面的差异。当同时考虑专业、性别、种族等多样性特征时,团队中会出现亚群体,进而产生群体断层③。也就是说,团队多样性既包括单一指标的多样性,也包括多指标的联合多样性即群体断层,本研究将就这两个方面的多样性进行探讨。

群体断层概念的提出对团队多样性研究提出了严峻挑战,即群体断层团队中既有由专业异质性带来的多样信息资源,同时也有由多样性社会性特征带来的社会类别差异。群体断层团队同时存在着

---

① I. J. Hoever, D. van Knippenberg, W. P. van Ginkel and H. G. Barkema, "Fostering Team Creativity: Perspective Taking as Key to Unlocking Diversity's Potential", *Journal of Applied Psychology*, Vol. 97, No. 5, 2012, pp. 982-996.

② B. A. Nijstad and P. B. Paulus, "Group Creativity", in P. B. Paulus and B. A. Nijstad, eds., *Group Creativity: Innovation through Collaboration*, New York: Oxford University Press, 2003, pp. 326-229.

③ D. C. Lau and J. K. Murnighan, "Demographic Diversity and Faultlines: The Compositional Dynamics of Organizational Groups", *Academy of Management Review*, Vol. 23, No. 2, 1998, pp. 325-340.

两种性质的力量会对团队创造力带来影响:信息资源与人际情感冲突。那么,在两种力量共存的多样性团队中,群体断层最终会对团队创造力产生怎样的影响？迄今为止针对群体断层展开的理论建构和实证研究并不多,这些为数不多的关于群体断层对群体绩效影响的研究也并未得出一致的结论①。

分析这些研究得出不一致结论的原因,发现以往绝大多数有关团队多样性的研究都集中于对主效应的分析,致力于直接检验某个多样性特征与结果变量的关系,没有将重要的调节变量考虑在内②。对此,有研究者指出,团队构成特征是促进还是阻碍团队绩效还须取决于情境。③ 韦斯特(West)则进一步指出,团队多样性需要与相应的组织管理措施相结合才能发挥其作用。④ 作为一种重要的组织环境变量,组织支持对群体效能的作用一般都是正向的,只是不同的组织支持形式对团队过程及群体效能的作用形式不同。⑤ 因此,本研究将从团队建设促进团队创造力的角度出发,致力于探讨不同组织支持形式如何促进各种多样性团队的团队创造力。

对团队创造力理解的差异也可能是造成研究结论不一致的一个重要原因。团队创造力是指在外部需求的影响下,团队成员根据任务特征运用知识和技能,通过一系列互动过程产生创造性的产品、工艺或服务等的能力,通常用团队作品或产品(包括观点或解决问题的

---

① 韩立丰、王重鸣、许智文:《群体多样性研究的理论述评——基于群体断层理论的反思》,《心理科学进展》2010年第2期。

② D.van Knippenberg and M. C. Schippers, "Work Group Diversity", *Annual Review of Psychology*, Vol. 58, No. 1, 2007, pp. 515-541.

③ S. E. Jackson, A. Joshi and N. L. Erhardt, "Recent Research on Team and Organizational Diversity: SWOT Analysis and Implications", *Journal of Management*, Vol. 29, No. 6, 2003, pp. 801-830.

④ M. A. West, "Sparkling Fountains or Stagnant Ponds: An Integrative Model of Creativity and Innovation Implementation in Work Groups", *Applied Psychology: An International Review*, Vol. 51, No. 3, 2002, pp. 355-387.

⑤ 王垒、姚翔、王海妮等:《管理者权力距离对员工创造性观点产生与实施关系的调节作用》,《应用心理学》2008年第3期;薛继东、李海:《团队创新影响因素研究述评》,《外国经济与管理》2009年第2期。

方法)的独创性(originality)和适宜性(appropriateness)来衡量①。其中,独创性是指团队产生新颖独创的产品或观点的能力;适宜性是指团队提出的观点或想法适合于当前问题情境,并具有可行性。② 但是,研究者却常常仅以独创性一个指标来评价团队创造力。③ 对此,有研究者认为,仅将适宜性作为评价团队创造力的前提简化了适宜性。④ 在管理实践中,高适宜性本身就是团队追求的目标(比如,市场认可或高利润),代表组织希望运用团队创造力来解决实际问题、产生实际效益的愿望。鉴于此,本研究拟从独创性和适宜性两个方面来评价团队创造力,分别探索促进团队创造力这两方面特征的团队多样性与组织支持条件。

二、文献综述与研究假设

(一)团队多样性与团队创造力

团队多样性是指团队成员个人特征的分布情况,即团队成员在性别、年龄、种族、专业知识、价值观和人格等方面的特征。⑤ 团队多样性特征既可以表现为某个特征上的多样性(如专业异质性、性别异质性等);也可以是几种特征联合所产生的复杂多样性,如信息类断

---

① T. M. Amabile, *Creativity in Context*: *Update to the Social Psychology of Creativity*, Boulder, GO: Westview Press, 1996, pp. 79-127.

② M. N. Bechtoldt, C. K. De Dreu, B. A. Nijstad and H. S. Choi, "Motivated Information Processing, Social Tuning, and Group Creativity", *Journal of Personality and Social Psychology*, Vol. 99, No. 4, 2010, pp. 622-637.

③ T. M. Amabile, *Creativity in Context*: *Update to the Social Psychology of Creativity*, Boulder, GO: Westview Press, 1996, pp. 79-127; A. Y. Zhang, A. S. Tsui and D. X. Wang, "Leadership Behaviors and Group Creativity in Chinese Organizations: The Role of Group Processes", *Leadership Quarterly*, Vol. 22, No. 5, 2011, pp. 851-862;张刚、倪旭东:《知识差异和知识冲突对团队创新的影响》,《心理学报》2007年第5期。

④ B. Beersma and C. K. W. De Dreu, "Conflict's Consequences: Effects of Social Motives on Postnegotiation Creative and Convergent Group Functioning and Performance", *Journal of Personality and Social Psychology*, Vol. 89, No. 3, 2005, pp. 358-374; B. A. Nijstad, C. K. W. De Dreu, E. F. Rietzschel and M. Baas, "The Dual Pathway to Creativity Model: Creative Ideation as a Function of Flexibility and Persistence", *European Review of Social Psychology*, Vol. 21, No. 1, 2010, pp. 34-77.

⑤ 刘嘉、许燕:《团队异质性研究回顾与展望》,《心理科学进展》2006年第4期。

层与社会类别断层的叠加而产生的群体断层。下面将分别综述这两种团队多样性对团队创造力的影响。

1. 专业异质性对团队创造力的影响

当团队由不同领域专长的成员组成时,团队便具有明显的专业异质性特征。信息决策理论(Information and Decision-making Theories)认为,专业异质团队具有产生创造性观点所需的多样化信息和广阔视角[1],有利于信息加工和利用,产生多样化的观点[2],并通过多角度思考问题提高决策的可行性[3]。研究发现专业异质性与团队创新正相关[4],团队成员的知识异质性程度越高团队创造力水平也越高[5]。林晓敏、白新文和林琳的研究发现团队成员的心智模型相似性低时团队创造力较高,从信息及其加工方式的角度说明异质性对团队创造力的影响。[6] 可见已有研究比较一致地认为专业异质性有助于团队创造力。

2. 群体断层对团队创造力的影响

群体断层是指团队中出现了由具有一个或多个共同特征的人组成的亚群体。群体断层有强弱之分,断层的强度会随着群体成员拥有共同特征的个数而发生改变,亚群体内成员拥有共同特征的数量

---

[1] S. Harvey, "A Different Perspective: The Multiple Effects of Deep Level Diversity on Group Creativity", *Journal of Experimental Social Psychology*, Vol. 49, No. 5, 2013, pp. 822-832; F. J. Milliken, C. A. Bartel and T. R. Kurtzberg, "Diversity and Creativity in Work Groups: A Dynamic Perspective on the Affective and Cognitive Processes That Link Diversity and Performance", in P. B. Paulus and B. A. Nijstad, eds., *Group Creativity: Innovation through Collaboration*, New York: Oxford University Press, 2003, pp. 32-62.

[2] K. G. Smith, C. J. Collins and K. D. Clark, "Existing Knowledge, Knowledge Creation Capability, and the Rate of New Product Introduction in High-technology Firms", *Academy of Management Journal*, Vol. 48, No. 2, 2005, pp. 346-357.

[3] S. J. Shin, T. Y. Kim, J. Y. Lee and L. Bian, "Cognitive Team Diversity and Individual Team Member Creativity: A Cross-level Interaction", *Academy of Management Journal*, Vol. 55, No. 1, 2012, pp. 197-212.

[4] S. Rodan and C. Galunic, "More than Network Structure: How Knowledge Heterogeneity Influences Managerial Performance and Innovativeness", *Strategic Management Journal*, Vol. 25, No. 6, 2004, pp. 541-562.

[5] 吕洁、张刚:《知识异质性对知识型团队创造力的影响机制:基于互动认知的视角》,《心理学报》2015年第4期。

[6] 林晓敏、白新文、林琳:《团队心智模型相似性与正确性对团队创造力的影响》,《心理学报》2014年第11期。

越多,则亚群体内部同质性越强,团队中亚群体间的群体断层强度越大。根据社会类化理论(Social-categorization Theory),在一个由多样化社会特征成员构成的群体中,个体需要通过社会类化来定义自我,并对与自己同类的群体成员产生好感,而将"非我群类"的成员看作是有缺陷的,因而会造成人际情感冲突①,即断层团队内同时存在信息资源与人际情感冲突两种影响团队绩效的力量。

关于群体断层效能的研究多聚焦于群体绩效而非团队创造力。② 从检索到的两篇群体断层对团队创造力影响的文献来看,西井(Nishii)等在综述了已有的群体断层对群体绩效影响的基础上,结合团队创造力的特点提出了一些群体断层对团队创造力影响的理论假设,推断群体断层对团队创造力的影响受任务互依水平的调节,当任务互依水平较高时,断层对团队创造力的影响是正向的。③ 皮尔索尔(Pearsall)、埃利斯(Ellis)和埃文斯(Evans)研究了性别断层对团队创造力的影响,发现激活的群体断层负向预测团队创造力。④

(二)组织支持及其与团队多样性的交互作用对团队创造力的影响

组织支持对组织绩效的作用总是正向的,有效管理是在明确现有团队特征状态的基础上采取更加有效的管理措施。这意味着,某种组织支持形式可能更适合于某种团队构成特征⑤。关于组织支持

---

① 韩立丰、王重鸣、许智文:《群体多样性研究的理论述评——基于群体断层理论的反思》,《心理科学进展》2010 年第 2 期;Y. R. F. Guillaume, F. C. Brodbeck and M. Riketta, "Surface- and Deep-level Dissimilarity Effects on Social Integration and Individual Effectiveness Related Outcomes in Work Groups: A Meta-analytic Integration", *Journal of Occupational and Organizational Psychology*, Vol. 85, No. 1, 2012, pp. 80-115.

② J. T. Li and D. C. Hambrick, "Factional Groups: A New Vantage on Demographic Faultlines, Conflict, and Disintegration in Work Teams", *Academy of Management Journal*, Vol. 48, No. 5, 2005, pp. 794-813; S. M. B. Thatcher, K. A. Jehn and E. Zanutto, "Cracks in Diversity Research: The Effects of Diversity Faultlines on Conflict and Performance", *Group Decision and Negotiation*, Vol. 12, No. 3, 2003, pp. 217-241.

③ L. H. Nishii and J. A. Goncalo, "Demographic Faultlines and Creativity in Diverse Groups", in K. W. Phillips, ed., *Diversity and Groups*, Emerald Group Publishing Limited, 2008, pp. 1-26.

④ M. J. Pearsall, A. P. Ellis and J. M. Evans, "Unlocking the Effects of Gender Faultlines on Team Creativity: Is Activation the Key?" *Journal of Applied Psychology*, Vol. 93, No. 1, 2008, pp. 225-234.

⑤ 张卉、孙海法:《知识管理视角下的团队创新:一个新的研究框架》,《现代管理科学》2008 年第 9 期。

的形式,最初艾森伯格(Eisenberger)、亨廷顿(Huntington)、哈奇森(Hutchison)和索瓦(Sowa)将组织支持看作单一维度的概念①,后来研究者才逐渐意识到,同为组织支持其来源或性质是多样的,并把组织支持分为工具性支持和社会情感支持②。2003年有学者提出把组织支持划分为三种:情感性支持、信息性支持和物质性支持。③ 本研究在综合分析各种支持的性质及其作用的基础上将组织支持分为三类:工具支持、情感支持和物质支持。

1. 工具支持与团队多样性对团队创造力的影响

工具支持是指员工在工作上遇到问题时组织及时给予帮助,如提供方法支持,为团队成员创建信息交流的平台,让员工充分发挥潜能等。④ 由于工具支持能够促进团队成员间的知识共享,为团队成员提供更多相互学习与合作的机会,提供信息交流平台,因此,工具支持能够提高团队产生新颖想法的能力⑤,能够促进观点的交流和视角的融合,重组有效互利的方案,展开建设性讨论和争论,为团队目标提供方法⑥,促使亚群体内和亚群体间更充分地沟通和合作,因而本研究推断工具支持有利于提高专业异质团队和强断层团队的团队创造力。

2. 情感支持与团队多样性对团队创造力的影响

情感支持也称社会情感支持,是指情感鼓励和促进沟通,旨在创

---

① R. Eisenberger, R. Huntington, S. Hutchison and D. Sowa, "Perceived Organizational Support", *Journal of Applied Psychology*, Vol. 71, No. 3, 1986, pp. 500-507.

② R. McMillin, "Customer Satisfaction and Organizational Support for Service Providers", unpublished doctorial dissertation, University of Florida, 1997.

③ D. Bhanthumnavin, "Perceived Social Support from Supervisor and Group Members' Psychological and Situational Characteristics as Predictors of Subordinate Performance in Thai Work Units", *Human Resource Development Quarterly*, Vol. 14, No. 1, 2003, pp. 79-97.

④ 凌文辁、杨海军、方俐洛:《企业员工的组织支持感》,《心理学报》2006年第2期。

⑤ M. Kessel, J. Kratzer and C. Schultz, "Psychological Safety, Knowledge Sharing, and Creative Performance in Healthcare Teams", *Creativity and Innovation Management*, Vol. 21, No. 2, 2012, pp. 147-157.

⑥ D. van Knippenberg, C. K. W. De Dreu and A. C. Homan, "Work Group Diversity and Group Performance: An Integrative Model and Research Agenda", *Journal of Applied Psychology*, Vol. 89, No. 6, 2004, pp. 1008-1022;向常春、龙立荣:《团队内冲突对团队效能的影响及作用机制》,《心理科学进展》2010第5期。

造和谐的团队气氛,缓解关系冲突,提高团队凝聚力,增强成员心理安全感。较高的心理安全感和建设性的关系冲突能够促进团队成员的社会联结,缓解成员差异对沟通的不利影响,进而促进团队创造表现。

根据社会类化理论,当群体存在断层或断层较强时,一方面,团队成员倾向于更积极地评价自己所处的亚群体,在亚群体内表现出更高的心理安全感以及更高的满意度①,更自信地运用自己的专业知识,表现出更积极的学习行为②。另一方面,由于亚群体间的对比和分化,内/外群体的感知会降低团队凝聚力③,导致亚群体间成员冲突增多。群体断层强度越大,亚群体间冲突越激烈,行动的一致性越差,关系冲突或情感冲突的负面影响越大。有研究明确提出,群体断层对团队创造力的负向影响是通过情感冲突的中介作用实现的。④ 关于团队多样性对决策影响的研究也发现,如果团队成员能在接纳不同观点时感受到情感支持,有利于团队有效利用认知多样性做出高质量的决策⑤,避免关系丢失给员工表现带来的损失⑥。因此,强断层团队在情感支持条件下既能够发挥亚群体内成员相互支持的优势,又能促进亚群体间的沟通和交流,最终激发团队成员更自由和开放地产生新颖的想法。

---

① D. C. Lau and J. K. Murnighan, "Interactions within Groups and Subgroups: The Effects of Demographic Faultlines", *Academy of Management Journal*, Vol. 48, No. 4, 2005, pp. 645-659.

② C. Gibson and F. Vermeulen, "A Healthy Divide: Subgroups as a Stimulus for Team Learning Behavior", *Administrative Science Quarterly*, Vol. 48, No. 2, 2003, pp. 202-239.

③ D. A. Harrison, K. H. Price, J. H. Gavin and A. T. Florey, "Time, Teams, and Task Performance: Changing Effects of Surface- and Deep-level Diversity on Group Functioning", *Academy of Management Journal*, Vol. 45, No. 5, 2002, pp. 1029-1045.

④ M. J. Pearsall, A. P. Ellis and J. M. Evans, "Unlocking the Effects of Gender Faultlines on Team Creativity: Is Activation the Key?" *Journal of Applied Psychology*, Vol. 93, No. 1, 2008, pp. 225-234.

⑤ F. W. Kellermanns, S. W. Floyd, A. W. Pearson and B. Spencer, "The Contingent Effect of Constructive Confrontation on the Relationship between Shared Mental Models and Decision Quality", *Journal of Organizational Behavior*, Vol. 29, No. 1, 2008, pp. 119-137.

⑥ J. S. Mueller, "Why Individuals in Larger Teams Perform Worse", *Organizational Behavior and Human Decision Processes*, Vol. 117, No. 1, 2012, pp. 111-124.

3. 物质支持与团队多样性对团队创造力的影响

物质支持是指关心员工的生活状况和员工利益、奖励劳动等,如为员工加薪、考虑员工应得薪水等。分析物质支持或物质奖励对创造力的影响一直是循着物质奖励激发任务动机的路径进行的①,阿马比尔(Amabile)等用"迷宫比喻"分析指出,物质奖励激发了任务动机,此时个体的目标是尽快走出迷宫,因此会选择最直接和安全的路径(适宜性),而不是找到更多新出口(独创性)。这说明物质奖励能够提高个体创造力的适宜性。在团队创造力研究中,贝希托尔特(Bechtoldt)等研究发现,团队创造力的适宜性在成员具有高认知动机并伴有亲社会动机条件下,比个人动机情况下表现更好②;张勇、龙立荣和贺伟的研究也发现,绩效薪酬通过影响员工外在动机进而预测聚焦于适宜性的渐进性创造力③。这些进一步证实了物质支持对于团队创造力适宜性的作用。具体到不同异质性团队则表现为,专业异质团队在物质奖励条件下,比专业同质团队更能充分运用团队成员知识信息多样化的优势从多角度思考问题,从而提高解决问题时所提方法的可行性;强断层团队除了比弱断层团队更具知识信息上的优势外,还由于亚群体间可能存在的情感冲突会使成员提出解决问题的方法时更谨慎,并对方案进行较全面的评估,从而能够提高方案的适宜性。

综上,本研究提出三个研究假设:

假设1:专业异质团队在工具支持条件下其团队创造力的独创性高于专业同质团队,在情感和物质支持条件下二者差异不显著。

假设2:强断层团队在工具支持和情感支持条件下其团队创造力的独创性高于弱断层团队,在物质支持条件下二者差异不显著。

---

① 徐希铮、张景焕、刘桂荣、李鹰:《奖励对创造力的影响及其机制》,《心理科学进展》2012年第9期。

② M. N. Bechtoldt, C. K. De Dreu, B. A. Nijstad and H. S. Choi, "Motivated Information Processing, Social Tuning, and Group Creativity", *Journal of Personality and Social Psychology*, Vol. 99, No. 4, 2010, pp. 622-637.

③ 张勇、龙立荣、贺伟:《绩效薪酬对员工突破性创造力和渐进性创造力的影响》,《心理学报》2014年第12期。

假设3:专业异质团队和强断层团队在物质支持条件下其团队创造力的适宜性高于专业同质和弱断层团队,在工具和情感支持条件下二者团队创造力的适宜性差异不显著。

三、实验1

(一) 实验方法

1. 实验设计

本研究采用2(专业异质性:专业同质、专业异质)×3(组织支持:工具支持、情感支持、物质支持)混合实验设计,其中专业异质性为被试间变量,组织支持为被试内变量。因变量为团队创造力的独创性和适宜性。

2. 被试

选择山东师范大学72名大二学生进行预备实验,被试年龄在18—22岁($M=20.28, SD=1.46$),男女各半,每个团队4名成员,组成18个团队。

预备实验后再选择216名大二学生进行正式实验,被试年龄在18—22岁($M=20.54, SD=1.09$),男女各半,每个团队分配4名大学生,组成54个团队。

3. 实验任务

本研究参照已有团队创造力研究①使用三个产品设计任务,分别是"食堂设计""火车垃圾处理器"和"手机设计"任务,对设计提出基本要求。

4. 实验操纵

(1) 实验分组

本实验分为专业异质团队和专业同质团队,通过控制团队成员

---

① R. van der Lugt, "Developing a Graphic Tool for Creative Problem Solving in Design Groups", *Design Studies*, Vol. 21, No. 5, 2000, pp. 505-522; M. J. Pearsall, A. P. Ellis and J. M. Evans, "Unlocking the Effects of Gender Faultlines on Team Creativity: Is Activation the Key?" *Journal of Applied Psychology*, Vol. 93, No. 1, 2008, pp. 225-234.

的专业来实现。专业同质团队的成员全部来自同一专业,专业异质团队的成员来自四个专业。控制成员创造力水平(在伦科、普拉克和利姆等编制的 RIBS 量表①上,成员皆为上下 1 个标准差内)、熟悉程度(同一专业的被试来自不同班级的不同宿舍,没有在一起参加活动的经历),一个小组内成员为同一性别。

(2) 组织支持

对于三种组织支持的操作,工具支持操纵的方法本研究采用给团队提供概念图的方法②,主试讲解什么是概念图以及如何用这种方法共同完成任务,然后为被试提供一张纸板,让他们以概念图的方式将与任务相关的想法写出来;情感支持操纵的方法是在团队完成任务过程中,不论观点新颖与否,只要团队成员提出想法,主试就马上给予积极的反馈,并鼓励被试继续思考;物质支持操纵的方法是在团队完成任务过程中,只要团队成员提出一个新的、看来合理的想法,就给这个团队发一枚代币,任务结束后,团队凭代币数量换取奖励,代币数量越多,代表获得的物质奖励越多。

5. 变量测量

(1) 专业异质性操纵有效性的测量

被试分组并相互熟悉后,使用自编的一个题项检验专业异质性操纵的有效性:"根据了解,我知道我跟本组其他成员都是来自相同的专业。"选项是"是"或"否"。当专业同质团队所有成员都回答"是",专业异质团队所有成员都回答"否"时,才开始正式实验。

(2) 组织支持操纵有效性的测量

在每个任务结束后,使用自编的三个题项检验组织支持操纵的有效性,如"本轮实验中,你感受到的情感支持(或物质支持、工具支持)的程度",选项从"1 一点也没有"到"5 非常强烈",分值越高,表明感受到的工具支持(或情感支持、物质支持)越强烈。

---

① M. A. Runco, J. A. Plucker and W. Lim, "Development and Psychometric Integrity of a Measure of Ideational Behavior", *Creativity Research Journal*, Vol. 13, No. 3-4, 2001, pp. 393-400.
② 胡卫平、张淳俊:《跨学科概念图创作能力与科学创造力的关系》,《心理学报》2007 年第 4 期。

（3）团队创造力的测量

本研究采用同感评估技术（Consensus AssessmentTechnique，CAT）从独创性和适宜性两个方面来评价团队创造力。同时参照贝希托尔特等的做法，首先对流畅性、适宜性和独创性三个方面分别计分，然后再对适宜性和独创性的得分进行校正。校正方法是将该团队独创性和适宜性的分数分别除以该团队流畅性分数，得到校正后的独创性和适宜性得分。

团队创造力评分的具体做法是：在创造力研究小组里选取4名研究生并对他们进行评分培训。流畅性考察的是观点产生能力，用在规定时间内产生的观点数量来表示；适宜性考察的是所提观点的可行性，采用5点计分，从低到高分别计1—5分；独创性考察的是观点的新颖程度，同样采用5点计分，从低到高分别计1—5分。评分是在评分者全面地了解并熟悉所有团队的反应后对每个团队的产品给出初步评分，对于相差比较大的评分一起讨论，讲出自己评分时使用的标准，经过讨论达成共识后确定每位评分者对三个维度的评分。本研究中，4位评价者在创造力的三个维度上评分一致性系数均达到0.90以上。4位评分者的平均分数为该团队在这三个维度上的得分。

6. 实验程序

预实验 预实验的目的是检验三个实验任务的同质性和组织支持操作的有效性，实验分两轮进行。按以上介绍的方法选取72名大学生被试，组成18个团队。第一轮检验创造性任务的同质性，采用单因素被试内设计，并用拉丁方设计平衡顺序效应。第二轮采用单因素被试间设计检验组织支持操作的有效性，每6个组接受一种组织支持，实验后询问被试的组织支持感。结果表明三个实验任务是同质的，在不同组织支持条件下被试都感受到了相应性质的组织支持，证明组织支持的操作也是有效的，可以开始进行正式实验。

正式实验 对按专业异质性组成的团队分别实施三种组织支持：工具支持、情感支持和物质支持。为了防止不同组织支持间效应的相互影响，首先在研究设计上，采用拉丁方设计平衡顺序效应；其次，每次开展新的实验任务前主试带领团队做心理游戏,开展10分钟的互动,使团队成员彼此熟悉,了解团队性质,填写异质性操纵有效性问卷,验证操纵有效后让被试通过团队合作的形式依次完成三个实验任务。主试作为每个团队的组长,不直接参与实验任务,只负责管理和监督团队互动过程。完成每个任务的时间约30分钟。每个实验任务结束后,让被试填写组织支持操纵有效性的问卷,检验实验操纵的有效性。最后赠送纪念品(或兑现代币)并表示感谢。

(二)结果与分析

实验操纵有效性检验 按照预实验的做法对实验操纵有效性进行检验,检验结果表明实验操纵是有效的。采用SPSS 16.0对数据进行统计分析。表1呈现了实验1中专业同质、专业异质团队在三种不同组织支持条件下,团队创造力两个维度上得分的平均数与标准差。

表1 专业同质/异质团队在不同组织支持下的团队创造力分数

($M \pm SD$)

团队创造力	专业同质			专业异质		
	工具支持	情感支持	物质支持	工具支持	情感支持	物质支持
独创性	2.79±0.33	2.71±0.37	2.87±0.30	3.12±0.18	2.88±0.30	2.88±0.31
适宜性	2.66±0.38	2.80±0.32	3.58±0.37	2.97±0.30	3.01±0.29	3.99±0.42

注:表中独创性和适宜性分数是原始分除以流畅性后得到的校正分数。

以专业异质性为被试间变量,以组织支持为被试内变量,进行2×3重复测量方差分析。结果显示,在独创性上,专业异质性和组织支持主效应均显著[$F(1,52) = 10.90, p<0.05, \eta^2 = 0.31; F(2,104) = 4.57, p<0.05, \eta^2 = 0.27$],专业异质性和组织支持的交互效应显著[$F(2,104) = 4.20, p<0.05, \eta^2 = 0.25$],如图1所示。进一步的简单效应分析发现,在工具支持条件下,专业异质团队的独创性分数显著高于专业同质团队($p<0.001$);情感支持和物质支持条件下,专业异质团队和专业同质团队的独创性分数差异不显著($p>0.05$)。

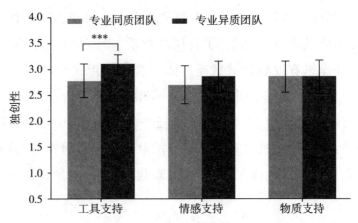

图1 异质性和组织支持在独创性上的交互作用

在适宜性上,专业异质性和组织支持的主效应都显著[$F(1,52)=17.48, p<0.05, \eta^2=0.25; F(2,104)=188.82, p<0.001, \eta^2=0.78$],专业异质性和组织支持二者交互作用不显著($p>0.05$)。单纯主效应的分析发现,专业异质团队的适宜性分数显著高于同质团队($p<0.05$);物质支持下的适宜性分数显著高于工具支持和情感支持($p<0.001$),后两者适宜性分数差异不显著($p>0.05$),在专业异质团队中,物质支持条件下团队创造力的适宜性分数最高。

(三)讨论

实验1验证了假设1,即在工具支持条件下,专业异质团队在独创性上的表现优于专业同质团队,这一结果与以往研究结果相一致。说明给专业异质团队提供工具支持能促进团队成员提出更多新颖独特的想法。实验1在团队创造力的适宜性上没有支持交互作用假设,而是发现专业异质性与组织支持的主效应,即专业异质团队的适宜性显著高于专业同质团队,物质支持条件下的适宜性显著高于工具支持和情感支持,说明团队构成的多样性以及物质支持都能分别有效提高观点的可行性。尽管研究结果未发现专业异质性与组织支持对团队创造力适宜性的交互效应,但专业异质团队在物质支持条件下其适宜性水平最高,说明给专业异质团队提供物质支持更有利于促进成员产生适用性的观点。

四、实验 2

(一)实验方法

1. 实验设计

采用 2(群体断层:强断层和弱断层)×3(组织支持:工具支持、情感支持、物质支持)被试间实验设计,因变量为团队创造力的独创性和适宜性。

2. 被试

选取山东师范大学本科生 312 名,被试年龄在 18—23 岁($M = 21.34, SD = 1.47$),每一个团队由 4 名大学生组成,形成 78 个团队。

3. 实验任务

实验 2 的任务采用了实验 1 的食堂设计任务。

4. 实验操纵

参照撒切尔(Thatcher)和帕特尔(Patel)的被试分配方案[1],本实验按专业(专业同质、专业异质)、性别(男、女)和年级(大一、大二)3 个变量上的异同分别组成强/弱断层两类团队。被试创造力基本状况参照实验 1 的控制办法,使每组 4 位成员个体创造力都处于平均数上下 1 个标准差的范围内。表 2 为分组示例。

表 2 强/弱群体断层分组示例

成员	强断层团队			弱断层团队		
	专业	性别	年级	专业	性别	年级
甲	心理	男	大一	心理	女	大一
乙	心理	男	大一	心理	男	大二
丙	中文	女	大二	中文	女	大二
丁	中文	女	大二	中文	男	大一

---

[1] S. M. B. Thatcher and P. C. Patel, "Demographic Faultlines: A Meta-analysis of the Literature", *Journal of Applied Psychology*, Vol. 96, No. 6, 2011, pp. 1119-1139.

本研究参照霍曼(Homan)等的断层激活方法①分两步激活团队成员的断层意识。首先,主试告诉被试,甲乙两位男生是同级同专业的,并把他们安排到邻近的座位上,丙丁两位女生是同级同专业的,把她们安排到与甲乙相对的邻近座位上。大家彼此熟悉之后,甲乙一组,丙丁一组,完成"做动作猜词语"游戏,每组时间为10分钟。猜对词语数较多的组,可以获得一张KTV唱券。

组织支持的操纵同实验1。

5. 实验测量

断层操纵有效性的测量:将被试分组使其相互熟悉并激活断层后,使用自编的一个题项检验断层操纵的有效性:"我们团队的四个人依性别、年级和专业的特点分成了两个小组,我的性别、年级和专业与一名成员是相同的,另外两位成员的性别、年级和专业是相同的。"选项是"是"或"否"。当弱断层组所有成员都回答"否",强断层组所有成员都回答"是"时,才开始正式实验。

实验2组织支持操纵有效性测量和团队创造力的测量同实验1。

6. 实验程序

4名被试组成一个团队后,强断层团队通过上述步骤激活成员的断层意识,弱断层团队先由主试带领进行10分钟的互动,使团队成员彼此熟悉。填写断层操纵有效性问卷,验证操纵有效后让被试通过团队合作的形式完成实验任务。以下实验形式、组织、任务同实验1。

(二) 结果与分析

实验操纵有效性检验 首先进行实验操纵有效性检验,检验方法同实验1,结果表明实验操纵是有效的。

采用SPSS 16.0对数据进行统计分析。表3显示了实验2中强/

---

① A.C.Homan, D. van Knippenberg, G. A. van Kleef and C. K.De Dreu, "Bridging Faultlines by Valuing Diversity: Diversity Beliefs, Information Elaboration, and Performance in Diverse Work Groups", *Journal of Applied Psychology*, Vol. 92, No. 5, 2007, pp. 1189-1199.

弱断层团队在三种不同组织支持条件下,团队创造力两个维度上得分的平均数与标准差。

表3 强/弱断层团队在不同组织支持条件下团队创造力分数
($M \pm SD$)

团队创造力	弱断层			强断层		
	工具支持	情感支持	物质支持	工具支持	情感支持	物质支持
独创性	2.50±0.10	2.50±0.03	2.39±0.07	2.81±0.19	2.83±0.13	2.29±0.09
适宜性	2.14±0.05	2.13±0.06	2.23±0.03	2.13±0.05	2.13±0.05	2.27±0.03

注:表中独创性和适宜性分数是原始分除以流畅性后得到的校正分数。

以群体断层和组织支持为被试间变量,进行两因素方差分析。结果显示,在独创性上,群体断层和组织支持主效应显著[$F(1,72) = 48.61, p<0.001, \eta^2 = 0.40; F(2,72) = 66.74, p<0.001, \eta^2 = 0.65$],群体断层和组织支持的交互作用显著[$F(2,72) = 29.22, p<0.001, \eta^2 = 0.45$],如图2所示。进一步的简单效应分析发现,情感支持条件下,强断层团队的独创性分数显著高于弱断层团队($p<0.01$);工具支持条件下,强断层团队的独创性分数同样显著高于弱断层团队($p<0.01$);物质支持条件下,强/弱断层团队的独创性差异不显著($p>0.05$)。

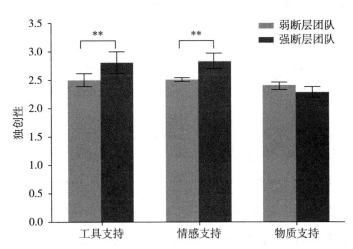

图2 群体断层和组织支持在独创性上的交互作用

在适宜性上,组织支持的主效应显著[$F(2,72) = 54.43, p<0.001, \eta^2 = 0.60$],群体断层的主效应不显著($p>0.05$),群体断层和组织支持的交互作用也不显著($p>0.05$)。单纯主效应的分析发现,物质支持条件下的团队创造力的适宜性分数显著高于情感支持和工具支持条件下的适宜性分数($p<0.001$),后两者差异不显著($p>0.05$)。

(三) 讨论

实验2同样检验到了群体断层与组织支持的交互作用对团队创造力独创性上的影响。在工具支持和情感支持条件下,强断层团队在独创性上的表现优于弱断层团队,假设2得到了验证。说明给强断层团队提供工具支持能促进团队成员提出更多新颖独特的想法,给强断层团队情感支持同样能够提高团队成员产生想法的新颖性。

此外,实验2再次发现物质支持在适宜性上的主效应,表现为无论是强断层团队还是弱断层团队,在物质支持下其团队创造力的适宜性分数都高于工具和情感支持条件下的适宜性。再一次说明,物质支持的作用不受团队多样性的影响,而且当团队出现断层时,团队多样性对创造力适宜性促进作用的主效应也消失了。如前所述,强断层团队中同时存在着两种性质的力量,即信息资源与人际情感冲突,物质支持没有像工具支持和情感支持那样直接作用于断层团队的这两个过程,因而没有产生交互效应,而且由于这两种作用相反力量的存在,团队异质性的主效应也消失了。

五、总讨论

本研究通过两个实验,在团队多样性与组织支持交互作用的框架下,在独创性和适宜性两个维度上探讨了何种组织支持最有利于团队创造力。研究结果表明,工具支持能显著提高多样性团队(包括专业异质性和强断层两种形式)创造力的独创性,情感支持能显著提高强断层多样性团队创造力的独创性。本研究在团队创造力的适宜性维度上没有发现物质支持与团队多样性的交互作用,但发现了物质支持的主效应,即无论是强断层还是弱断层团队,物质支持都比工具支持和情感支持更能提高团队创造力的适宜性;异质性团队的团

第八章 员工激励与关系协调研究案例

队创造力的适宜性高于同质性团队,而且物质支持条件下专业异质团队创造力的适宜性最高。说明提高团队创造力适宜性的途径有两条,即专业异质性和物质支持,二者分别起作用,并且团队创造力的适宜性不随团队异质性增强而提高。

(一)理论与实践意义

韦斯特认为,团队构成对团队创造力的影响受组织支持类型的调节[1],但他仅从理论上对三者关系进行了预测。本研究的理论意义在于,不再局限于直接比较信息决策理论和社会类化理论对团队创造力的预测力,而是基于团队构成条件引入新的研究变量,在韦斯特理论预测的基础上,结合团队多样性研究的新进展,从团队多样性与组织支持交互作用的视角,综合分析了不同水平的团队多样性对团队创造力的影响,考察团队多样性如何与组织支持交互作用最有利于团队创造力,这为认识团队构成对团队创造力的影响提供了新思路,推进了团队多样性和组织支持对团队创造力作用机制的研究。

本研究的实践意义在于,在团队管理中,企业或组织要根据自身的性质及发展的不同阶段适时调整组织支持方式。当企业处于急剧发展或动荡变革时期时,往往对组织创新尤其是独创性有迫切需求,这时要充分利用多样化的专业背景带来的信息资源,也要分析由群体断层带来的亚群体间的关系冲突,在提供工具支持的同时提供情感支持。在企业求生存及平稳过渡阶段,企业或组织往往以稳妥适宜为目标,此时提供充分的物质支持最有利于实现组织目标。

(二)研究不足与未来研究展望

本研究还存在以下不足需要在未来研究中改进,首先,在实验室情境中以大学生团队为研究对象,结论的生态效度尚待检验。后续研究须采取现场研究(field study)的方法,进一步考察本研究所得结

---

[1] M. A. West, "Sparkling Fountains or Stagnant Ponds: An Integrative Model of Creativity and Innovation Implementation in Work Groups", *Applied Psychology: An International Review*, Vol. 51, No. 3, 2002, pp. 355-387.

论的可推广性。其次,本研究用观点的产生即产品来代表团队创造力,有研究认为团队创造力可以从过程角度来考察①,未来的研究可以从观点的产生与观点的执行角度来研究。再次,为了适应实验研究的需求,本研究对工具支持、情感支持和物质支持做了操作性的规定,力图反映特定组织支持形式的作用。但是在实际创新情景中,组织支持可能有复杂的运行形式,因此本研究结果需要测量学研究结果的支持。物质支持的形式是多样的,在未来研究中可以进一步考察其他物质支持形式的作用。最后,组织支持涉及不同层次与来源②,本研究的组织支持在一定程度上反映了源于领导的组织支持,未来的研究可以进一步考察不同来源与其他层次组织支持的作用。

六、结论

（1）在独创性维度上,团队异质性和组织支持的交互作用显著。工具支持条件下专业异质团队独创性显著高于专业同质团队,情感和物质支持条件下二者差异不显著;当出现群体断层时,情感支持与工具支持具有同样的促进作用,在这两种组织支持下,强断层团队的独创性显著高于弱断层团队。

（2）在适宜性维度上,两个实验一致地发现团队创造力的适宜性在物质支持条件下显著高于工具支持和情感支持。

案例来源:张景焕、刘欣、任菲菲、孙祥薇、于顾:《团队多样性与组织支持对团队创造力的影响》,《心理学报》2016 年第 12 期,第 1551—1560 页。(有删改)

---

① O. Janssen, "The Joint Impact of Perceived Influence and Supervisor Supportiveness on Employee Innovative Behaviour", *Journal of Occupational and Organizational Psychology*, Vol. 78, No. 4, 2005, pp. 573-579; F. F. Ren and J. H. Zhang, "Job Stressors, Organizational Innovation Climate, and Employees' Innovative Behavior", *Creativity Research Journal*, Vol. 27, No. 1, 2015, pp. 16-23.

② A. H. Huffman, K. M. Watrous-Rodriguez and E. B. King, "Supporting a Diverse Workforce: What Type of Support Is Most Meaningful for Lesbian and Gay Employees?" *Human Resource Management*, Vol. 47, No. 2, 2008, pp. 237-253.

第八章 员工激励与关系协调研究案例

【案例点评(二)】

本例的重要特点是采用了实验法,与其他案例的资料分析、数理统计不同,实验法在起始就具有了研究变量之间因果关系的先天优势。实验研究的首要步骤是确认自变量和因变量,其后有针对性地控制自变量,并观察因变量。本例的自变量是团队多样性和组织支持,因变量是团队创造力。直观上看,自变量不止一个,这意味着实验设计将相对复杂。

一如基本的研究规范,首先是问题的引出和理论回归,并提出研究的假设。这一步需要将变量厘清,具体到本例中,第一个自变量团队多样性被分成了两个方面,专业异质性和群体断层,而在具体的研究中,专业异质性和群体断层作为二阶构念单独出现,因此微观上看属于两个单独的自变量。第二个自变量组织支持被分成了三个方面,工具支持、情感支持和物质支持,同样的,在实际中属于三个单独的自变量。最后团队创造力分成了独创性和适宜性,在实际中属于两个单独的因变量。也就是说,本研究似乎有五个自变量、两个因变量。事实上,情况并没有这么简单。研究提出了团队多样性、组织支持的交互作用,也就是团队多样性和组织支持的不同组合,而团队多样性有两种,组织支持有三种,即一共有六种(2×3)情况,加之团队创造力是两种,因此一共为十二种(6+6)因果组合。这是非常复杂的,但是本研究并没有提出十二个研究假设,这便是理论的重要意义。假设的提出需要有理论的支持,而不是简单的变量的排列组合。

由于变量多,关系较为复杂,本例以团队多样性为标准分成了两个实验,一个是以专业异质性为划分的实验1,一个是以群体断层为划分的实验2。所谓的划分,其实是人为的控制、干预。实验的一个关键是实验任务,参照已有团队创造力研究使用"食堂设计""火车垃圾处理器"和"手机设计"三个任务,实验任务本身的科学与否直接决定了实验本身结论的可靠性。本例首先进行了预实验判断三个实验任务是同质的,在不同组织支持条件下被试都感受到了相应性质的组织支持,证明组织支持的操作也是有效的,因此可以开始进行正式实验。正式实验后进行结果检验,即以专业异质性为被试间变量,以组织支持为被试内变量,进行2×3重复测量方差分析。实验2与实验1的过程基本一致,本处不再赘述。可以看出,在结果的分析上,实验法似乎并没有其他几种方法复杂。最终,本例通过两个实验,在团队多样性与组织支持交互作用的框架下,在团队创造力的独创性和适宜性两个维度上发现工具支持能显著提高多样性团队(包括专业异质性和强断层两种形式,即团队多样性的两个标准)创造力的独创性,情感支持能显著提高强断层多样性团队创造力的独创性。

不难发现,实验法的难点在于实验的设计。除了如何明确变量,使变量可测量,设计实验,实践中更不易找到被试,相对于其他方法,这无疑涉及更多的人力和物力,因此在实际实施中往往具有一定的困难度。本例中选择山东师范大学72名大二学生进行预备实验,男女各半,每个团队4名成员,组成18个团队。预备实验后,实验1再选择216名大二学生进行正式实验,男女各半,每个团队分配4名大学生,组成54个团队。实验2再选取本科生312名,每一个团队由4名大学生组成,形成78个团队。没有一定的资源基础,如此规模的实验是难以顺利操作的。

最后,本例的重要基础,即使用的实验任务是国外的设计,但是对任务并没有进行完整的汇报。该任务的原设计如何?本研究中的设计与原设计是否完全一致?西方背景下的实验任务在中国本土背景下是否完全适用?尽管本例首先进行了预实验,验证了三个实验任务的同质性,然而以上这些问题都还值得具体说明。

【案例思考(二)】

1. 实验法的关键步骤是什么?需要哪些准备工作?
2. 本例中为什么仅提出了三个研究假设?试根据变量间的关系

第八章　员工激励与关系协调研究案例

再提出三个研究假设,并针对其中之一尝试进行理论解释。

3. 本例是真实验研究还是准实验研究?这种研究的优势是?另一种可以如何设计?

4. 实验法的难点是什么?本例是如何解决这些难点问题的?

5. 如果采用其他研究方法验证本例中的研究假设,可以如何设计?试举一例。

第九章

劳动合同管理研究案例

本章学习目标提示

- 了解劳动合同管理的基本概念
- 了解逻辑推演的基本思路
- 了解模型构建的基本流程和函数的修正

【案例呈现】

企业对劳动合同期限的选择及法律管制的效率

一、引言

一般来说,现实中的劳动合同都具有明确界定的期限。① 例如,从20世纪40年代后期以来,美国许多行业为了避免每年的谈判费用,开始签订有固定期限的长期劳动合同。1975年,美国制造业中

---

① 我们不妨把无固定期限劳动合同看作是有确定期限的劳动合同,因为退休年龄一般都是确定的,其法律含义参见《中华人民共和国劳动合同法》第二章第14条。

第九章 劳动合同管理研究案例

60%的集体谈判协议都明确规定了3年的期限,而在非制造业中有50%的劳动合同规定了3年的期限。几乎没有哪一家企业的劳动合同是规定低于1年的期限或者没有终止日期的。尤其是在劳动保护政策非常强势的欧洲劳动市场,企业签订临时劳动合同的条件受到严格限制,企业辞退工人时必须支付高昂的解雇费用。然而,在我国的劳动力市场上,由于相关法律法规的缺失以及对劳资关系界定的模糊,长期以来没有在合同期限上体现出对工人利益的制度性保障。一个新的变化是,2008年,《中华人民共和国劳动合同法》对合同期限作出了有利于保护劳动者权益的明确规定[1],这使得从经济学的视角探讨固定合同期限的不同制度安排对企业行为的影响具有了现实意义。

最早提出劳动合同期限理论模型的是格雷[2]和戴伊[3]。他们认为,一个劳动合同需要确定三个变量:合同的名义工资、工资指数、合同期限。因此,为了解决最优劳动期限的选择问题,必须将劳动期限与工资指数化参数这两个相关变量结合在一起进行讨论,分析外部冲击对最优合同期限和最优指数化参数的影响。其模型的基本思想是追求损失的最小化,即建立最优的劳动期限和工资指数化参数最小化损失函数。这样就使得劳动合同的最优期限主要取决于两个因素:劳动合同的签约费用和合同期限内的不确定性冲击。对于任意给定的工资指数化参数,合同的最优期限随着经济环境不确定性的增加而缩短,随着签约成本的增加而增加。

相关的研究,比如隐性合同理论[4],只解释了劳动合同具有一定期限长度的特征,并没有明确指出合同期限具体会受到哪些因素的

---

[1] 主要是关于对企业签订固定期限合同以及解除劳动合同的限制。参见《劳动合同法》相关条款。

[2] J. Gray, "Wage Indexation: A Macroeconomic Approach", *Journal of Monetary Economics*, Vol. 2, No. 2, 1976, pp. 221-236; J. Gray, "On Indexation and Contract Length", *The Journal of Political Economy*, Vol. 86, No. 1, 1978, pp. 1-18.

[3] Ronald A. Dye, "Optimal Length of Labor Contracts", *International Economic Review*, Vol. 26, No. 1, 1985, pp. 251-270.

[4] M.Harris and B. Holmstrom, "A Theory of Wage Dynamics", *Review of Economic Studies*, Vol. 49, No. 3, 1982, pp. 315-333; B. Holmstrom, "Equilibrium Long-term Labor Contracts", *The Quarterly Journal of Economics*, Vol. 98, No. 3, 1983, pp. 23-54.

影响。格雷和戴伊的主要贡献在于：他们解释了由于合同签约费用显著为正，所以，从分摊固定签约费用的角度来看，劳动合同期限不可能无限短；而合同期限不可能无限长的原因主要是存在不确定性的外部冲击，企业与工会双方都不能完全控制未来的或然性。签订期限过长的合同对双方都存在风险，因此，适度缩短合同期限有利于控制风险损失。当然，他们的有些假设过于简单，比如，目标函数没有直接体现双方的效用水平，这样就不可能反映出企业或者工人对外部不确定性的偏好程度。事实上，对风险的偏好程度的差异将会直接影响企业对未来损失的预期，进而决定合同期限的变化。另外，格雷和戴伊的模型属于一般均衡的宏观模型，重点考察的是在劳动力市场和货币市场均衡的条件下，外部不确定性因素对最优合同期限的影响。从微观层面来说，企业在签订劳动合同时，很难获取关于外部随机变化对企业产生影响的准确知识。而更现实的假设应该是：企业会利用以往的经验和现有的知识对企业外部环境的不确定性做出预期，并根据自身的风险偏好选择合同的期限。

二、企业承受风险的考察

沿着以前文献的思路，我们假定劳动合同期限的权衡取决于固定签约成本和外部不确定性这两个因素。一般认为，签约成本是事前确定的，这里主要考察外部不确定性因素的影响。外部不确定性因素独立地影响着企业关于未来产出的预期损失。事实上，法马[1]和坎托[2]认为，工人可考核的边际产出是由边际产出期望值和白噪声共同决定的，虽然工人的努力可以影响期望值，但与白噪声无关。因此，假定企业自身对外部不确定性因素的影响做出反应是合理的。在劳动合同期限模型当中，这种反应一般通过两种途径来表达：劳动

---

[1] Eugene F. Fama, "Agency Problems and the Theory of the Firm", *The Journal of Political Economy*, Vol. 88, No. 2, 1980, pp. 288-307.

[2] Richard Cantor, "Work Effort and Contract Length", *Economica*, Vol. 55, No. 219, 1988, pp. 343-353.

第九章 劳动合同管理研究案例

合同期限的变动和合同工资指数化。研究劳动合同期限的相关文献（如格雷和戴伊）认为，随机性的合同是不切实际的，最好的办法是定期重新签约并调整合同的条款以适应新的外部环境。事后实施机制的引入使得我们必须考虑重新签约的时机选择问题。与法马不同的是，我们假定企业对外部不确定性的风险偏好是决定劳动合同期限的主要因素之一。这样就把外部不确定性因素的影响转化成企业的风险偏好，外部不确定性因素对劳动合同期限的影响，也就转化成合同期限内单位成本最小化的问题。根据法马关于边际产品的函数形式，我们可以将外部不确定性因素所导致的企业福利损失表示为：

$$y^* - \int_{\underline{x}}^{\bar{x}} x f(x \mid e) \, dx$$

其中，y^* 表示在完全竞争条件下帕累托意义上的最优产出，即理想状态下的结果。x 表示受工人努力水平和生产性风险共同影响的企业预期产出结果。$\int_{\underline{x}}^{\bar{x}} x f(x \mid e) \, dx$ 表示给定工人的努力水平为 e 时的期望产出。$\bar{x}$ 与 $\underline{x}$ 表示企业预期的最终可能出现的最大产出和最小产出。

需要注意的是，这里的 $y^* - \int_{\underline{x}}^{\bar{x}} x f(x \mid e) \, dx$ 是外部损失可能的最大值，也就是企业面临的最大的外部效率损失值。实际发生的外部损失是随着合同期限的不断延长而在期望心理上接近这个值的。因为从直觉上说，在充分短的时间内，外部冲击是不可能影响边际产出的，企业的外部损失渐趋于零。只有在足够长的合同期限里，才有可能产生理想产出与预期产出之间的全部损失。

另外，我们假定外部冲击与生产上的不确定性是相互独立的，企业单独考察合同期限的长短对外部损失以及效用函数的影响。令 z 表示企业的外部损失，$z \in (0, \bar{z})$，其中

$$\bar{z} = y^* - \int_{\underline{x}}^{\bar{x}} x f(x \mid e) \, dx$$

假设 z 是合同期限 l 的函数，其经济含义是：企业认为外部损失会随着合同期限的变化而变化。

三、企业对合同期限的偏好

企业的目标函数是关于企业所承担的成本的最小化,包括外部不确定性损失和固定的签约成本。我们假定目标函数是可加可分形式的,因此,企业的目标是最小化单位时间上的成本之和,形式上可以表达为:

$$\min_{l} \frac{z(l)}{l} + \frac{k}{l}$$

其中,k 是签约成本,假定是固定不变的常数。l 表示合同的期限,单位时间的不确定性损失可以表示为 $\frac{z(l)}{l}$,固定签约成本可以被分摊为每期 $\frac{k}{l}$。由于合同期限的变化会导致外部损失的变化,我们假设 $z=z(l)$ 是关于时间 l 的连续可微函数,并且 $z'(l)>0, z \in (0, \bar{z})$,$l \in (0, \bar{L}]$。$z'(l)>0$ 表示随着合同期限的延长,外部成本不断递增。$\bar{L}$ 表示从劳动合同生效到退休年龄的时间跨度,即合同最长的有效期,对应的合同可以看成是无固定期限合同。

关于合同期限问题的一阶条件为:

$$\frac{d(z(l)/l+k/l)}{dl}=0$$

最优的劳动合同期限 l^* 必须满足以下均衡条件:

$$z(l)+k=\bar{c} \circ l$$

其中,$\bar{c}$ 是外生给定的常数,在经济意义上可以表示为均衡时关于合同期限的边际成本或者影子成本。可以看出,如果企业知道关于外部损失与时间的关系、固定签约费用以及合同期限的影子成本,就可以选择最优的劳动合同期限,以使相关的成本最小化。

进一步考察损失函数 $z=\frac{z(l)}{l}$ 的性质对最优合同期限的影响。假设 $z(l)$ 是二阶可导的,满足 $z''(l)>0$。根据伯努利效用函数关于风险回避的定义,将企业对外部风险损失的绝对规避系数定义为 $\lambda(l) = \dfrac{z''(l)}{z'(l)}$。比较两个具有不同风险回避程度的企业 A 和 B,其各自的风险回避函数是 $z_1(l)$ 和 $z_2(l)$,如果企业 A 比企业 B 更具有风险回避倾向,A 的绝对规避系数大于 B 的绝对规避系数,即 $\lambda_A(l) > \lambda_B(l)$。这一点可以表示为图 1 的 $z_1(l)$ 和 $z_2(l)$ 的曲线形式。①

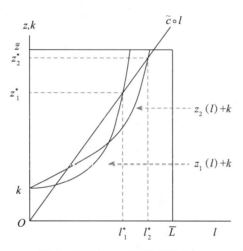

图 1　不同风险回避程度的比较

根据均衡条件,曲线 $\tilde{c} \circ l$ 与曲线 $z_1(l)+k$ 和 $z_2(l)+k$ 分别相交,形成两个均衡点 (l_1^*, z_1^*) 和 (l_2^*, z_2^*),存在 $l_1^* < l_2^*$。由此可以得出,企业 A 的风险回避程度更高,对应的合同期限相对于企业 B 而言更短。因此,我们可以得到如下结论:保持其他条件相同,如果企业 A 比企业 B 更具有风险回避倾向,企业 A 的最优合同期限要比企业 B 的最优合同期限更短。

企业的风险回避态度与最优合同期限呈反向变动的关系。这一点与经济学的直觉是相吻合的。保守的、对未来不确定性比较敏感的企业有可能存在较强的风险回避意识,倾向于选择短期的劳动合同。例如,我国沿海地区私营企业主很少与雇员签订长期合同②;而国有企业,特别是具有行业垄断性质的国有企业,对于外部风险的预

---

① 图中的曲线包含了签约成本的值,因而发生的位置向上平移,但不影响曲线本身的性质。
② http://www.chinahrd.net/zhi_sk/jt_page.asp? articleid = 140553.

期较低,表现出终身雇用的劳动契约特点。

四、签约成本的影响

在前面的假设中,签约成本都是假设保持固定不变的。实际上,签约成本的大小也会影响企业合同期限的选择。在格雷等人的宏观劳动合同模型中,签约成本与合同期限的关系表现为:合同期限随签约成本的增加而延长,随签约成本的下降而缩短。事实上,在微观层面,签约成本与合同期限的关系并非如同我们直觉想象的那样,一定保持正向变动的关系,也可能存在随签约成本增加而缩短合同期限的情况,这主要取决于企业对待外部冲击的风险态度。如果企业对不同的期限具有不同的敏感度,企业的选择就有可能发生逆转。假设企业的外部风险偏好函数以及其他假设条件保持不变,企业面临大小不同的两种签约费用的情形。现实中,这种情形大致可以对应于两种不同的劳动力市场类型。比如,高签约成本对应的是企业与工会作为双寡头进行讨价还价的市场状态;而低签约成本对应的是企业作为垄断的就业机会提供者与供给数量众多的工人签订劳动合同的市场状态。事实上,由于工会组织与企业进行谈判的能力比单个工人更强,因此在签订工会劳动合同时,企业在确定劳动合同期限方面需要付出更多的成本,比如需要说服工会的要挟、重新修订条款等等。这显然需要耗费额外的人力和物力等成本。而在与工人签订劳动合同的情况下,企业具有很强的讨价还价能力来决定劳动合同的条款。在均衡状态中,由于 $k_1 > k_2$,我们可得到:

$$\bar{c} \circ l_1 - z(l_1) > \bar{c} \circ l_2 - z(l_2)$$

如果存在 $l_1 - l_2$,则有如下关系式成立:

$$\bar{c} > \frac{z(l_1) - z(l_2)}{l_1 - l_2} = z'(\bar{l})$$

其中,$l_1 > \bar{l} > l_2$。这时,存在合同期限与签约成本同向变动的关系:签约成本越高,合同期限越长,对应图2中 (l_1, k_1) 与 (l_2, k_2) 的关系。这与传统的合同期限理论的基本结论相一致。

第九章 劳动合同管理研究案例

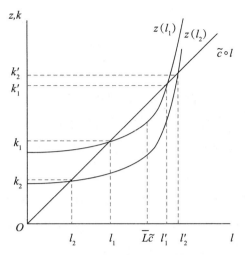

图 2 签约成本变动的合同期限比较

但$\tilde{c} > z'(\tilde{l})$在$\tilde{l} \in (0, \bar{L})$不一定是恒成立的。如图 2 所示,由于$z'(\tilde{l}) > 0$且$z''(\tilde{l}) > 0$,给定适当的$\tilde{c}$值,可以存在一个$\bar{L}\tilde{c}$,使得当$\tilde{l} < \bar{L}\tilde{c}$时,有$\tilde{c} > z'(\tilde{l})$的关系成立;当$\tilde{l} > \bar{L}\tilde{c}$时,有$\tilde{c} < z'(\tilde{l})$的关系成立。后者对应图 2 中$(l'_1, k'_1)$和$(l'_2, k'_2)$的关系。所以,我们可以得到如下结论:对于风险回避型企业,存在某个与$\tilde{c}$有关的合同期限临界值$\bar{L}\tilde{c}$。当$\bar{L}\tilde{c} > l_1 > l_2$时,$k_1 > k_2$,即合同期限与签约成本正相关;当$l'_1 > l'_2 > \bar{L}\tilde{c}$时,$k'_1 < k'_2$,即合同期限与签约成本负相关。其经济含义是,在合同期限相对比较短的情况下,$z'(l)$相对较小;签约成本增加导致每期分摊的费用增加,这时延长合同期限可以抵消这种增加。而由于$z'(l)$较小,期限延长所产生的外部损失的增加较小,在边际上小于签约成本减少的幅度。调整的结果是,在单位时间上延长期限所得到的签约费用方面的边际收益等于外部冲击带来的边际损失。在合同期限相对比较长的情况下,情况则恰好相反。

总之,对于风险回避型的企业,如果在短期内签约费用增加,企业会考虑适度延长合同期限,以利于分摊签约费用。但是在已经签订长期合同的条件下,签约费用的增加反而有可能导致下一期的合同期限缩短。

五、法律管制的效率问题

与一般的要素市场不同,劳动力市场上存在比较普遍的法律管制现象,世界各国都建立了复杂的法律体系来保护劳动者的利益。博特罗等人通过对 85 个国家的雇用法和社会保障法的分析发现,普通法国家的劳动者保护程度要比大陆法系传统国家的劳动者保护程度低。① 欧洲国家在 20 世纪 80 年代之前一直实行对工人的高度就业保护政策,比如严格限制企业签订临时劳动合同的条件,企业辞退工人时必须支付高昂的解雇费用,等等。80 年代中期,为了解决持续性的失业问题,许多欧洲国家开始放松对劳动市场的管制。一方面,它们希望继续为劳动就业提供保护性政策,采取财政补贴等法律和政策手段来激励企业签订永久性劳动合同;另一方面,它们又希望增加市场的灵活性,比如引入固定期限合同,创造更多的就业机会。但就欧洲的经验而言,其改革的效果并不明显。有学者以西班牙为例研究了固定期限合同向永久性合同转换的状况,发现转换率非常低,这意味着企业不愿意签订无固定期限合同而宁愿支付解雇费用。

企业对合同期限的偏好在一定程度上可以解释这种现象。根据前面的讨论,外部风险的大小依赖于理想产出与预期产出之间的差距,即 $z \in (0, \bar{z})$。在法律管制的约束环境下,企业选择签订无固定期限劳动合同或者解除劳动合同。如果签订无固定期限劳动合同,外部冲击带来的损失有可能达到最大值。如图 3 所示,$z_1(l)$ 代表的是具有较强风险回避性的企业,其最优合同期限的选择是 l_1。如果法律要求签订的期限是直到退休年龄的无固定期限 $\bar{L}$,则此时企业预期外部损失超过可以承受的最大损失 $\bar{z}$。如果 $\bar{z} - z_1$ 超过解雇费用,则企业会拒绝签订无固定期限合同而选择解雇工人。②

---

① Juan Botero, Simeon Djankov, Rafael Porta, Florencio C. Lopez-De-Silanes, "The Regulation of Labor", *The Quarterly Journal of Economics*, Vol. 119, No. 4, 2004, pp. 1339-1382.

② 签无固定期限合同通常是在已有劳动关系的前提下,所以需要考虑解雇费用。参见《劳动合同法》。

第九章 劳动合同管理研究案例

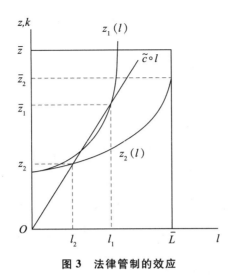

图 3 法律管制的效应

即使企业预期无固定期限合同的外部损失不会达到最大,企业仍然会蒙受福利损失。令 $z_2(l)$ 代表风险回避程度相对较低的企业,其最优期限是 l_2,最优的外部期望损失是 z_2。在法律管制的约束下,如果企业签订期限为 $\bar{L}$ 的劳动合同,此时的外部期望损失是 $\bar{z}_2$。由于期望损失 $\bar{z}_2$ 小于最大可能的损失 $\bar{z}$,选择续约所导致的外部损失可能会少于解雇费用,企业的次优选择是续签无固定期限合同。但是企业需要额外承担 $\bar{z}_2 - z_2$ 的成本,这部分成本就是由于法律管制而造成的效率损失。

当然,在现实当中,即使存在严格的法律管制,在某些情况下企业仍然有可能签订无固定期限合同,雇用新的工人。也就是说,如果企业预期无固定期限劳动合同带来的收益可以抵消成本,则签订该合同仍然是合意的。事实上,即使是在法律管制最严格的欧洲国家,劳动力市场仍然是具有流动性的,只是工人失业的周期相对会更长一些。

由此可知,要达到合同期限管制的真正目的,一方面,需要提高企业支付给工人的解雇赔偿金标准,使其大于签订无固定期限合同所带来的额外损失,从而避免或减少合同期限管制导致的失业率上升;另一方面,政府应该对签订无固定期限合同的企业进行财政补贴或者税收减免,降低无固定期限合同给企业造成的外部损失程度,使企业有积极性签订此类合同。这样，我们就在理论上解释了为什么欧洲国家会采取财政补贴等激励性政策。

六、结论

本文从企业对待外部冲击的风险态度的视角考察了最优合同期限、签约成本与合同期限的关系以及劳动合同管制等问题。格雷等人从宏观视角考察经济环境的不确定性因素对最优合同期限的影响，不确定性因素影响作用的大小与合同期限具有反向变动的关系。而本文认为，从企业行为的层面看，最优合同期限的决定不是源于外部不确定性因素的影响，而是源于企业自身对不确定性因素的风险偏好。相应地，风险回避的程度与最优合同期限成反向变动的关系。对于风险回避型的企业而言，签约成本的变动与期限不是简单的正向关系；短期合同会随签约成本的增加而延长，而长期合同有可能与签约成本反向变动。另外，法律对合同期限的管制有可能造成企业福利的损失，甚至影响劳动合同的签约率，从而导致失业率上升。所以，政府应当对被管制的企业进行适当的补偿，以激励企业签订无固定期限的劳动合同。本文没有考察风险中性企业的合同期限选择问题。不过，在现实的劳动力市场上，企业的行为表现是以风险回避为主的，这可以从欧洲劳动力市场的现状得到说明。在经过二十多年改革以后，目前欧洲劳动力市场仍然存在临时合同难以转换为永久性合同的问题。因此，如何设计有效的劳动合同管制政策来改变这种状况，进而达到劳动力市场管制目标，是值得进一步研究的问题。

案例来源：王新荣：《企业对劳动合同期限的选择及法律管制的效率》，《中国人民大学学报》2009年第4期，第54—59页。（有删改）

第九章 劳动合同管理研究案例

【案例点评】

合同管理是人力资源管理实践的重要内容,与之前的案例不同,本例并非采用实证、量化的方法,而是以逻辑的推演为主。逻辑推演见长的研究以扎实的理论、严密的逻辑为基础,与实证量化的研究相比,并无明确的操作标准,因而对写作者的要求也较高。这里以本例略作介绍。

本例的研究对象是劳动合同期限及其决定因素,以经济学视角作为理论基础,采用数学建模手段,涉及的变量有劳动合同期限和外部冲击风险、签约成本。

一如研究的基本规范,本例首先对已有文献中关于劳动合同期限的研究进行了回顾。如格雷、戴伊的研究表明最优劳动合同期限的选择需要与劳动期限和工资指数化参数这两个变量一起讨论,并以损失最小化为目的,其研究的贡献在于发现了合同期限受到合同签约费用的影响显著为正、受不确定性的外部冲击显著为负,但这并没有揭示企业如何获取外部冲击的准确信息以在合同期限的确定问题上做出反应,同时其模型也未反映出企业或工人对外部不确定性的偏好程度。隐性合同理论也只揭示了劳动合同具有一定期限长度的特征,并未详细阐述具体影响合同期限的因素。总结已有的成果并发现其不足,是本例的研究着力点,也是研究的意义所在。

由此,本例在企业对待外部冲击的风险态度的视角下研究了最优合同期限、签约成本与合同期限的关系两个核心问题,进而探讨了劳动合同的法律管制。根据法马和坎托的边际产品函数,本例将研究模型确定为 $\bar{z} = y^* - \int_{\underline{x}}^{\bar{x}} x f(x \mid e) \mathrm{d}x$,认为企业的外部损失 $z \in (0, \bar{z})$ 且 z 是合同期限 l 的函数,即企业的外部损失会随着合同期限的变化而变化。

随后,本例开始探讨企业对于合同期限的偏好。通过对函数 $z(l)$ 进行一阶求导使得企业的外部损失 z 最小,得出了最优劳动合同

期限的均衡条件为 $z(l)+k=\bar{c}\circ l$，即企业的风险回避态度与最优合同期限呈反向变动关系。因此，保守的、对外来不确定性较敏感的企业会存在较强的风险回避意识，倾向于选择短期劳动合同。

在进一步讨论签约成本的影响效果时，通过假设企业的外部风险偏好函数及其他假设条件保持不变，本例讨论了企业面临两种大小不同的签约费用的情形。利用均衡状态下签约成本和企业外部损失的一阶导数比较可知，对于风险回避型企业，短期内的签约费用增加会使其适当延长合同期限以分摊单位时间内的签约费用。但是，在已经签订长期合同的条件下，签约费用的增加反而会导致下一期合同期限的缩短。

最后，本例探讨了法律在合同期限管制方面的效率问题。由于欧洲国家严格限制企业签订临时劳动合同导致了持续性的失业问题，经验研究表明各国都已开始放松对劳动市场的管制。如果企业预期无固定期限劳动合同带来的收益可以抵消外部损失，那么即使在劳动市场管制严格的国家，企业也会趋向于选择签订无固定期限劳动合同。因此，为了达到合同管制的真正目的，简单的法律管制无法起到实际预期作用，政府一方面需要提高企业的解雇赔偿金标准以使其大于签订无固定期限合同带来的额外损失；另一方面应通过补贴和税收减免的手段减少无固定期限合同给企业带来的外部损失。

呈现本例的重要目的是介绍另一种研究的形式，需要再次强调的是，该方法对理论基础、逻辑推演有着较高要求，初学者尤其要审慎采用。在研究假设方面，本例借鉴了前述研究的思路，表明劳动合同期限的权衡取决于固定签约成本和外部不确定性两个因素，以及劳动合同管制的效率问题。本例的贡献在于，确定了企业的最优合同期限的决定不是源于外部不确定性因素的影响，而是源于企业自身对不确定性因素的风险偏好。通过模型的建立表明风险回避程度与最优合同期限成反向变动关系，对于风险回避型企业而言，短期合同会随着签约成本的增加而延长，而长期合同有可能与签约成本反向变动。而对于劳动合同管制，政府应当通过补偿手段激励企业签

第九章 劳动合同管理研究案例

订无固定期限的劳动合同。诚如本例作者所言,本例的研究完全是基于"风险回避"的企业行为假设而展开的,缺乏对于"风险中性"企业劳动合同期限的关注,因此本例得出的结论对于市场中的各种类型企业并没有普遍性的解释能力,同时,如何通过设计有效的劳动合同管制政策以改变劳动市场中临时合同难以转化为永久性合同的问题,也值得进行更加深入的探讨。

【案例思考】

1. 本例的研究目的是什么?其研究是否达到了预设的研究目的?

2. 本例中有哪些变量?其中自变量和因变量分别是哪些?

3. 除了本例中讨论的自变量,还有哪些自变量可能会对因变量产生影响?如何验证?

4. 对于本例论述的法律在劳动合同期限方面的管制对于劳动市场效率的影响效果,你是否认同?原因是什么?

5. 本例虽然构建了数学模型,但是却没有实证数据的验证,这是否影响本例的主要结论?原因是什么?

教师反馈及教辅申请表

　　北京大学出版社本着"教材优先、学术为本"的出版宗旨,竭诚为广大高等院校师生服务。为更有针对性地提供服务,请您认真填写以下表格并经系主任签字盖章后寄回,我们将按照您填写的联系方式免费向您提供相应教辅资料,以及在本书内容更新后及时与您联系邮寄样书等事宜。

书名		书号	978-7-301-	作者	
您的姓名				职称职务	
校/院/系					
您所讲授的课程名称					
每学期学生人数	_____人_____年级			学时	
您准备何时用此书授课					
您的联系地址					
联系电话(必填)				邮编	
E-mail(必填)				QQ	
您对本书的建议:				系主任签字: 盖章	

我们的联系方式:

北京大学出版社社会科学编辑部

北京市海淀区成府路 205 号,100871

联系人:陈相宜

电话:010-62765016 / 62753121

传真:010-62556201

E-mail:ss@pup.pku.edu.cn

新浪微博:@未名社科-北大图书

网址:http://www.pup.cn